だいわ文庫

自炊大好き《ソロメシ》

東海林さだお

大和書房

一人飯賛歌

東海林さだお

加藤登紀子の歌に、
〽一人で寝るときにゃよォー
　ひざっ小僧が寒かろう
というのがある。
〽一人で飯《めし》食うときにゃよォー
どこが寒いのだろう?
ふつうだと、
〽懐《ふところ》が寒かろう
ということになると思うが、果たしてそうだろうか。
懐は充分温かいのに一人飯を食うこともある。
しょっちゅうある。

一人飯は〝ボッチ飯〟などと言われて敬遠されがちだが、ぼくはそうは思わない。

一人飯は楽しい。

誰にも気をつかわずにすむ。

ここのところが一人飯の醍醐味。

二人飯だとどうなのか。

二人で日本蕎麦屋に入る。

日本蕎麦屋に入るのは久しぶりなので、そうだ、天ぷら蕎麦を食べよう、と思う。

海老の天ぷらが目に浮かぶ。

多分二匹だナ、それがこう、二本並んで湯気を上げてるワケだ、そうだ、思いきって（上）にするか、などと思いウキウキしていると、相手はメニューのきつね蕎麦とたぬき蕎麦のところだけを見ている。

どっちかにするつもりらしい。

こうなると天ぷら蕎麦はむずかしくなる。

相手が一番安いのを頼もうとしているのに自分は天ぷら蕎麦、しかも（上）。

二人飯にはこういう不便がある。

不便はまだある。

結局自分は無難な山菜蕎麦を注文したのだが、相手のきつね蕎麦はすぐ来たのに自分の山菜蕎麦はなかなか来ない。

相手がすでに半分以上食べているのにまだ来ない。

相手も気づかってくれて、厨房のほうを「けしからん」という目付きで睨んでくれたりしているのだがまだ来ない。

ようやく来ても、来たは来たで今度は大急ぎで食べなくてはならない。

相手は楊枝をつかいながら下目づかいでこちらを見ている。

おいしいんだか、おいしくないんだか、味なんかわからない。

三人だとどうなるか。

三人以上、グループだとどうなるか。

まず店選びから難航する。

レストランにするか、食堂にするか、居酒屋にするか。

メニューの段階でもカンカンガクガク。

それぞれの料理の到着時間もマチマチ。

それぞれが食べ終える時間もさまざま。

お勘定も雑多のうえ、割り勘だの、ここはオレにまかせろだのでモメる。

居酒屋で割り勘の場合は、

「オレは酒を飲まなかったのに」

という不平も出る。

一人飯の場合はこれらの揉めごとと一切無関係。

一人悠々。

好きなものを好きなように作って好きなように食べ、誰にも気兼ねせず、ゆっくり、のんびり。

「孤独のグルメ」風の気どりや思い入れや独白もナシ。

一人飯、バンザイ。

JASRAC 出 2206183-201

自炊《ソロメシ》大好き　目次

一人飯賛歌　3

1章　等身大のゆる自炊編

豆腐丸ごと一丁丼　12
アルミ鍋カレーうどんの発展　18
オイルサーディン丼完成す　25
バター醤油かけごはん讃　31
ウズラといえど目玉焼き　37
ウズラの親子丼製作報告　43
ピザ丼誕生秘話　49
説教食のすすめ　55

2章 にわか職人の手仕事編

ラーメンスープ製作日記 62
簡単チャーシューの作り方 68
即席クサヤ作製記 74
カラスミを作ろう 81
タクアン漬ケタカ 87
「反省！」のタクアン 94
嗚呼！ タクアン大パーティー 101
ぬかみそおじさん 108

3章 素材のあじわい編

煮っころがしの夜 116
目玉焼き、匂う 122
銀杏は復讐する 129

勇気をもって厚く切る塩鮭 136
ビーフンと日本人 143
巨大筍のザクザク 149
タラの芽育児日記 155

箸休め
男ひとりの台所編

男も料理はするけれど 162
冷蔵庫の中 168

4章
B級で何が悪い編

納豆を味噌で 174
焼きそばにちょい足し 180
マヨネーズは偉大なり 186
それをやっちゃあおしまい蕎麦 193

5章

実践！レポート編

えびせん大実験　200
カップ麺の正しい食べ方　206
生卵かけゴハンの恍惚　212
ソーメンをストローで!!　218
三分クッキングの巻　226
タコ焼き実践篇　243
炒飯《チャーハン》の巻　249
男の料理・カツ丼篇　265
解説　稲田俊輔（料理人）　283

※本書に出てくる店名、商品、値段などは初出時のものです。

1章 等身大のゆる自炊編

豆腐丸ごと一丁丼

ニンマリ系の丼というものがある。

見ただけで思わずニンマリしてしまう丼。

丼物はおしなべて、フタを取って一瞥《いちべつ》すると大抵の人はニンマリする。

親子丼の鶏肉が黄色い卵にまみれて湯気を上げ、そこに三つ葉の緑が見えたりするとニンマリする。

天丼のエビ天のコロモが天つゆの色に染まってほとびているのを見てニンマリする。

鰻丼の鰻が飴色にふっくら焼き上がってタレで光っているのを見て、けしからん、許さん、と怒り出す人はいない。

どの丼にもニンマリするのだが、中でもニンマリ度の高い丼をつい最近発見したのである。

雑誌のグラビアで初めてその丼を見たとき、ニンマリが止まらなかった。

グルメ雑誌の丼物特集のグラビアで紹介されていたのだが、これまで見たことも聞いたこともない丼だった。

突き崩し
ほじり
えぐり
へずり
持ち上げ
けずり
こそげ
楽しき哉
豆腐丸ごと
一丁丼！

異様であり、素朴であり、存在感があり、迫力があって、しかし見ているとつい笑ってしまうという丼。

飴色に染まって、いかにもようく味がしみ込んでいそうな丸々一丁の豆腐が、ずしんと丼のゴハンの上にのっかっている。

ただそれだけの丼なのだが、〝ただそれだけ〟というところがおかしい。

なにしろかなり大きめの豆腐が丸ごと一丁であるから、豆腐の一部は丼からはみ出して垂れ下がっている。

〝はみ出している〟というところもお

かしいが〝それをかまわぬ〟としているところもおかしい。

大きな豆腐一丁はそれだけでもかなりの重量だが、それがたっぷりの煮汁を含んでのっかっているわけだから、のっかられるほうはたまったものではない。

豆腐の間からわずかに見えるゴハンが、重いよー、と言っているのがよくわかる。

丼にゴハンを盛ったとき、平らにならさず、右側が高く、左側を低く盛ったらしく、上にのっかった豆腐もその斜面どおりに左側にずり下がっているところがおかしい。

この丼は、おでんで有名な「お多幸本店」の名物料理で、もう四十年も前から人気のメニューなのだそうだ。値段はなんと370円。

「喉が渇くほど甘じょっぱいおでんのつゆが、淡白な特注の木綿豆腐と好相性。喉ごしの良さゆえか、硬めに炊かれた茶飯と一緒になると恐ろしいほど食べ進んでしまう」

と、グラビアの横に説明がある。

「つゆだくの状態のうちに急いでかっこもう」

とも書いてある。

そのグラビアの写真が旨そうで旨そうで、急いでかっこもう、なんて言われなくても急いでかっこみたくなる。

「お多幸」に出かけて行く時間も惜しい。

ただちに制作にとりかかった。

木綿豆腐を買ってくる。喉が渇くほど甘じょっぱいというし色も濃く煮上がっている写真を参考に、普通のおでん汁ではなく蕎麦つゆを買ってくる。

蕎麦つゆに砂糖や調味料を足したりして、かなりしょっぱめの煮汁を作る。

この丼は、豆腐丸ごと一丁というところにその存在理由があるわけだから、寸分たりとも崩してはならない。

おっとっと
とか言いながら豆腐を丼に移そうとしている白石さん(62歳)

　豆腐が角切りであったり、麻婆豆腐のように煮崩れていては、見た目も面白くないし味も違ってくるはずだ。

　煮上がって豆腐を取り出すとき、崩さないためにフライ返しのようなものを差し込まなければならない。

　そのためには豆腐よりひとまわり大きな鍋を用いなければならない。

　煮物の味は、火を止めて温度が下がっていくときにしみ込むから、十分煮ては火を止めて温度を下げ、また火をつけては冷ますということを五回ほどくり返し、ついに豆腐は全体が飴色に染まった。

丼にゴハンを盛る。豆腐がずり下がらないように平らに盛る。

「お多幸」のは茶飯だが、ふつうのゴハンで、その分つゆだくにするつもりだ。

鍋からフライ返しを使って丸ごと一丁の豆腐をずりずりとゴハンの上にのせる。

完成。盛んに湯気が上がっている。うーむ、いい匂い。うーむ、豆腐一丁丸ごとの迫力がすごい。

ゴハンの上に豆腐一丁をのせただけ、という素朴さがいい。

「あいつはいい奴だ」という表現があるが、「こいつはいい丼だ」と思う。好感がもてる、というやつですね。

では、と箸をとる。

丼物は、ゴハンより具が多いものはない。ゴハンよりかつが多いかつ丼はないし、鮪のほうが多い鉄火丼はない。

豆腐一丁丼は明らかにゴハンより具が圧倒的に多い。

そして丼がやたらに重い。

豆腐一丁丼は、丼界で一番重い丼なのではないか。

崩さぬように崩さぬように仕上げたゆえに、いざ突き崩すとき、かなりのためらいがあった。

豆腐の表面と中心では味の濃さが違う。濃いところとゴハン、味の薄いところとゴハン、薄いところとつゆだくのゴハン、というふうに様々なバリエーションが楽しめ、豆腐と煮汁とゴハンという種も仕掛けもない料理なのに、まさに、次から次にかっこまないではいられない旨さであった。

アルミ鍋カレーうどんの発展

夜中にケシゴムがなくなって、近所のコンビニに買いに行った。

コンビニには、「いかコン」と「たのコン」の二種類があるが、このコンビニは「たのコン」のほうのコンビニである。

「いかコン」というのは、夜中に行ってみると、デンキが消えてもう閉まっていたりする「いいかげんなコンビニ」であり、「たのコン」は、夜中の二時に行こうが、四時に行こうが、デンキをコウコウとつけて営業している「たのもしいコンビニ」のことである。

で、その「たのコン」で、ケシゴム一個を購入し、レジに向かったのだが、その途中、ふと、「カレーうどん」という鍋物が目に入った。

ピカピカでシワシワのアルミの鍋に入ったカレーうどんで、そのまま火にかけられるという、例のあれである。

アルミの鍋に〝外装〟がしてあって、そこのところに、まっ黄色いカレーうどんの写真が印刷してある。

この写真が実にリアルで、まっ黄色でトロミのついたツユの中に、コシのありそうな白くてツヤのあるうどんがからまりあっている。

そしてそこに、ケシゴム半分大ぐらいの大きな鶏肉が、やはり黄色く染まって浮きつ、沈みつしている。

そして、そこのところに、これだけは黄色く染まらない青くて太目のネギが合計六切れ。

匂いこそしてこないが、臨場感あふれるカラー写真であった。

その写真の横には、「かたづけいらずのクッキングパック」——だしがきいてスパイシーな昔なつかしい『おそば屋さん』のカレーうどん。ルーから作る本格的な味わいです——とある。

カレーというものは、いつ、どこで、どんな状態で出会っても、〝さり気なくしのび寄ってきて、いつのまにか強大な地歩をきずく〟食べ物である。地歩をきずいたとたん、待ったなしですぐ食べなければいられなくなる食べ物である。

このときも、カレーの、この戦略にやられた。

また、「アルミ鍋もの」というものも、このますぐ火にかけられて、すぐ煮たち、すぐ食べられるという〝すぐ性〟にすぐれている。

すぐ性にすぐれたカレーが、すぐ性にすぐれたアルミ鍋に入っているのだから、客はどうしても、すぐ手が出て、すぐレジに向かうことになる。

すぐ持って帰って、すぐガスコンロにのせて、すぐ火をつけることになる。鍋はすぐ煮たって、すぐいい匂いを立て始める。すべり出しはまことに好調であった。

夜中に、つまらない思いでケシゴムを一個買いに出かけたのに、帰途は思わぬカレーうどんという収穫を得て、いまこうして、予想もしなかった深夜の小宴が開かれようとしているのだ。

薄くてシワシワではあるが、一応、鍋物という分野の宴がくりひろげられようとしているのだ。このアルミ鍋ものには、キャンプ的というか、ママゴト的というか、そういう楽しい雰囲気がある。

火にかけると、ピチピチ、ビチビチ、チリチリ、シュンシュン、いろんな音をたてる。

いかにも火に溶けて、いまにも破れそうな不安感がいい。

強火にするのがためらわれる。

いや、いくら強火にしても大丈夫なんだ、でも、万が一、溶けて底に穴があいたらどうなる、と、不安と戦いながら、こわごわ火を強くしたり弱くしたりする。

ようやく煮たってきたので、一本うどんをすすってみる。

うん、なかなかコシがあって、このたぐいのウドン特有のネチャリとしたところがない。

一口、ツユをすすってみる。

うん、いかにも水っぽく、辛みもカレーの味も淡泊で、どうにも物足りない。それに、いかにも残念なのは、外装に表示してあった鶏肉の大きさと、実際の大きさに開きがありすぎることだ。ネギも、中身は乾燥ネギであった。

とりあえず、台所にあった「本格派手造りインドカ

アルミ鍋もの群

レー粉」を足してみる。

顆粒の「スープの素」も足してみる。これで俄然、味がよくなった。

ここで急に考えが変わった。サンダルを突っかけると、再び「たのコン」に出かけて行った。

「豚コマ１９８円」「玉ネギ２個パック１５８円」「ネギ２本パック１３８円」を買って帰ってくると、次々に、少しずつ、それらをアルミ鍋に足していった。

足していって味をみるたびに、味がよくなっているのがわかる。

豚コマが、まことに有効であった。

玉ネギも、味の向上に大いに貢献している。

量もかなり増大した。

誰の目にも、事業がうまくいっていることが明らかだ。気をよくして、さらに積極策に出た。戸棚にあった「ガラム・マサラ」というインドカレー用の粉末を足し、さらに豚コマと玉ネギを少し増やした。

資本が次々に投下された。

さらに味がよくなった。

事業がうまくいくときは、えてしてこんなものだ。

積極策が、次々に図にあたる。

創業者の時代は、肉も貧弱、ツユも貧弱、規模も小規模で貧寒とした事業形態であったが、二代目がよかった。

けっきょく
あの「鍋」は
なんだったん
だろう？
333
ヘナ

二代目が積極的に出たのがよかった。

思いきった資本投下がよかった。

事業は拡張につぐ拡張で、こんにちのこの隆盛をみた。

事業はいまなお発展中で、増量を続けながらグツグツと煮たっている。

水を足し、肉を足し、玉ネギを足し、本物のネギを足しているうちに、カレー本体がアルミ鍋のフチ、ぎりぎりのところまで盛りあがってきた。中身の重みで、アルミ鍋がしなっている。

「これでは土台がもたない」

嬉しい悲鳴であった。

二代目は、台所にあった本物の鍋を嬉しそうに取りあげると、アルミ鍋の中身をそっちにドッとうつすのであった。新社屋への引っ越しである。

しかし、よく考えてみると、これなら最初から本格カレーうどんの作製を思いたったほうが、よかったような気もするのだが……。

オイルサーディン丼完成す

いま牛丼業界は、牛丼に替わる新丼の開発に腐心していると伝え聞く。

牛丼の再興を願うファンの一人として、この開発に何とか協力したい。

素人ながら新丼を考案し、それが再興の一助となればこんな嬉しいことはない。

牛丼に替わるものは、いまのところ豚丼ということになっているらしいが、豚だってこれから先どうなるかわからない。

これだけ家畜の疾患が蔓延してくると、豚の先行きも心もとない。

そうなってくると、あとは魚に頼るほかはない。

魚の丼。

魚の丼といえば天丼ということになるが、牛丼店には揚げ物の設備がない。

鯖の味噌煮丼。

うーん、なんだかなあ、むさ苦しいなあ。むさ苦丼だなあ。

オイルサーディン丼。

おおっ、なんかこう急に垢抜けてきたじゃないか。

実を言うと、かつてオイルサーディンを食べていて、これで丼ができないか、と考えたことがあった。

なんだかできそうだぞ、と思ってそのままになっていたのだ。

うん、いいかもしんない。

それにオイルサーディンの味つけは塩のみだ。

そうだ、塩丼というのはどうか。

塩のみの味つけの塩丼。

これまでの丼物といえば、必ずどこかに醤油がからんでいる。

天丼もかつ丼も鰻丼も、醤油と砂糖の甘からの味つけということになっており、マグロの鉄火丼に至っては醤油そのものだ。

本邦初の塩丼。

そうだ、特許を取っておかなくちゃ。

誰も考えつかなかった塩丼としてのオイルサーディン丼を、全国の吉野屋で発売する。

塩丼が一杯売れるたびに、発明者のところに二百億円が入ってくるのだ。

そうだ、塩丼のCMタレントは塩爺がいい。

二百億円に目がくらんで、それからオイルサーディン丼の完成を目ざす毎日となった。

とりあえずオイルサーディン缶を十缶ほど買ってきて、開けてはゴハンの上にのせ、あれこれ具を選び、それぞれを試食し、ときに頷き、ときに嘆き、そうやって三七、二十一日目、ついにオイルサーディン丼が完成したのである。

オイルサーディン丼では長すぎるので、以下オイ丼と記すことにする。

オイ丼には問題点が二つあった。

オイ缶の鰯の味つけは極めて薄味である。このままではゴハンのおかずにならない。

もう一つは、オイ缶の中の小さな鰯は極めてもろく崩れやすい。

オイ缶の鰯の味の強化は、二百億円の足枷のせいで塩以外のものは使えない。崩れやすい鰯の処遇をどうするか。

この二点に腐心すること三七、二十一日、ついに次のようなレシピができあがったのである。

材料、オイ缶。ゆで卵の白身のみじん切り。玉ねぎみじん切り。カイワレ菜の葉っぱのとこ。かりかり系の梅干し（赤）。

料理法は次のごとし。
①まずオイ缶を開け、缶のまま火にかける。ガス火の上に魚焼きの網をのせてその上にのせるとよい。
②丼に熱いゴハンを盛り、その上にゆで卵の白身のみじん切りを厚さ五ミリほどに敷く。
③玉ねぎのみじん切りを同様に敷く。
④その上から、熱いオイ缶をヤケドしないように持ちあげ、丼の上で逆さにしてパカッといっぺんにあける。
⑤カイワレ菜と梅干しのみじん切りをパラパラとふりかける。
以上で完成なのだが、なにしろこの丼は、梅干しの塩気で食べる丼なので、梅干し

の塩気にもよるが五個以上は要る。
①の理由は鰯を崩れさせないためで、②の理由は、オイ缶の油をじかにゴハンにしみこませないため、つまり海に消波ブロックというものがありますね、あの役割をゆで卵の白身にさせるわけです。

キャンプ料理
みたいで
楽しい
と
いうこと
なのでぜひ一度
おためしあれ

できあがった丼を眺める。

実にきれいだ。

鰯の銀、梅干しの赤、カイワレ菜の緑。

味はどうか。

ホロホロと軟らかく崩れやすい鰯を箸の先で突き崩しつつ、熱いゴハンに梅干しを混ぜこみ、玉ねぎを混ぜこみ、カイワレ菜を散らしこみつつ食べる一口は、鰯くささに磯の香りが加わり、梅干しコリコリ、玉ねぎショリショリ、カイワレ菜シャリシャリ、丼物といえ

ばかつ丼、あのかつ丼のこってり濃厚の対極に位置するさっぱりの極みの塩味丼の何というおいしさ、何というさっぱり感。

梅干しが実にうまく効いている。

梅干しの酸味がオイ缶の油のしつこさを見事に消し、油をかえっておいしくさえしている。

梅干し大成功。

考えてみれば、鰯と梅干しはもともと相性がよく、鰯を煮るとき梅干しを加える料理法がある。

自分で作って自分で大絶讃。（なにしろ二百億円がかかってる）

問題は吉野家側の対応である。

この塩丼をどう評価してくれるか。

なにしろ客がオイ丼を注文するたびに、オイ缶をパッカンパッカン開けるのが大変だろうし、一個一個ガス台にかけるのも手間だろうし、ヤケドのことも考えなくちゃならないし、残った大量の黄身の問題もあるし。

バター醤油かけごはん讃

食べものについてあーだ、こーだを言うおやじは嫌われる。

まして〝バター醤油かけごはん〟についてあーだ、こーだ言うおやじはもっと嫌われる。

わかってます。

だけどバター醤油かけごはんについてあーだ、こーだ言いたい。

世間では、ラーメンライス、生卵かけごはん、バター醤油かけごはんを三大いいかげんめしとして馬鹿にしている。

三者には共通して貧乏の文字がほの見えるからである。

したがって、食べるほうも、この三者にいいかげんに対処する。

いいかげんに作っていいかげんに食べる。

バター醤油かけごはんに
何かおかずを食べると
したら何だろ？
明太子？
しらす干し？
タクアン？
などと
考えているうちに
アッというまに
一膳食べおえて
しまったおとーさん

「え？　わたしのバター醤油かけごはんですか。熱々のごはんを茶わんに盛ってその上にバターの塊をのせ、ぐるぐる掻き回しつつ溶かしていってそこに醤油をかけ、もう一度ぐるぐる掻き回して食べる。こんな感じですかね」

などと言う人は、大滝秀治さんに大声で叱ってもらいましょう。

「つまらん。おまえの作り方はつまらんっ」

この作り方ではバター醤油かけごはんの本当のおいしさは味わえない。

ただのバターめしになってしまう。

バターめしとバター醤油かけごはんはどう違うのか。

西荻の巨匠ならどう作るのか。

まず熱々のゴハンを用意する。

それを茶わんに盛る。

ここまでは、さっき大滝さんに大声で叱られた人と同じだ。

熱々というのはこのごはんの必須条件で、熱々のごはんがなければ作らないぐらいの覚悟をしてほしい。

バターはたっぷし。

ちょっぴりとたっぷしではまるでおいしさが違う。

どのぐらいたっぷしかというと、ごはん一膳に少なくとも十五グラム。

ホテルの朝食に出てくる包装されているバターだったら約三個分。

これをごはんの上にのせる人が多いが、この人も大滝さんに大声で叱ってもらいましょう。

ごはんのまん中に垂直の穴を掘ります。

ただしこの穴は、茶わんの底まで到達してはならない。底直前寸止め。

この穴にバターを落としこむ。

落としこんだらごはんでフタをする。そうして五十秒待つ。

つまり穴の中でバターがじわじわと溶けていき、穴周辺にしみこみ、穴の底に少しずつたまっていくわけです。

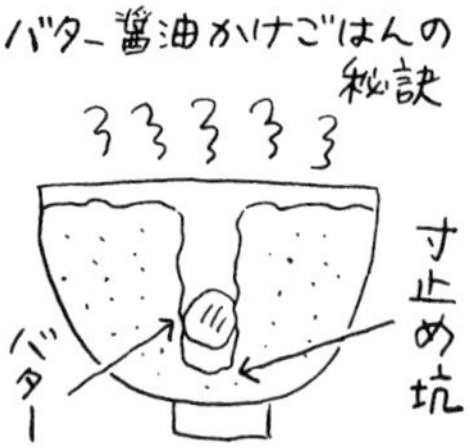
バター醤油かけごはんの秘訣
寸止め坑
バター

五十秒経過。フタを開けてみます。

おお、穴の中はごはんがバターでぐずぐず。ごはんがバターにまみれてぴかぴか。ぬるぬる。底のほうのごはんはたまったバターでゆるゆる。うーむ、これはまさにバターの井戸、いや、この湯気の上がりぐあいからいけばバター温泉。

立ちのぼるバターの香り。

バターを、フライパンなどの鉄の熱で溶かしたときの匂いとは違うのどかな香り。牧草の匂い。牧場の匂い。だけどどこかに獣の脂肪を感じる匂い。たぶんこの匂いは、ごはんが呼び起こした匂いなのだと思う。

農耕と牧畜がめぐり会った匂いなのだと思う。

そこんとこへお醤油をたらしたら。

ここで実にまたいい匂いが立ちのぼってくるわけです。

生《き》のバターと、生の醤油が出会って、そこに熱が加わった匂い。

蒸れたごはんの匂いもおずおずと参加して、料理めいたことは一つもしてないのに、茶わんの中はいままさに調理が行われているような雰囲気。

そうしてここが大切なところなのですが、さっきお醤油をたらたらしましたね。そのたらたらのとこだけを箸ですくって食べる。

食べたらまたたらたら。たらたらのとこだけ食べる。

つまり〝その都度食い〟というわけです。

最初にバターとごはんと醤油をいっぺんに掻き回してしまうと、この匂いがどんどん失われていく。

その点こっちは、なにしろ井戸の穴の中の作業なので、いつまでたってもバターが新鮮なのだ。

その都度食いだと、その都度バターまみれの一口、バター少なめの一口、お醤油濃いめの一口、味薄めの一口と、一口一口違う味を楽しむことができる。

そうやって、井戸の壁を少しずつ崩しては食べ、食べては崩していく。

こうして食べていくと、バターにまみれたごはんがこんなにもおいしいものだったのか、と、誰もが改めて思うはずだ。

そうして、バターとごはんの組み合わせだけだったら、と思い、それだったらこの食事は成立せず、ここにお醤油が加わってこそ、この美味は成立するのだ、と、改め

バター醤油かけごはんが
こんなに旨いのなら
バター醤油かけうどん
は どーか?
と
思案して
いる
おじーさん →
(やってみたら
あんまり
旨くなかった
です)

て誰もが思うはずだ。

考えてみると、ぼくらの子供のころはバターは大変な贅沢品だった。

バターは高いので、マーガリンを、という時代だった。パンにバターをつけるにしても、ほんの少しのせ、それをうすーくうすーく全域にのばして食べたものだった。

テーブルの上に、ごはんとバターが同時にのるということもなかった。

それなのにいま、こうして、ごはんの上にバターをのせて食べている。

人に隠れてこそこそ食べている。

貧乏系の食事だ、などと言われながら食べている。

あ、そうそう、このバター醤油かけごはんを食べ終わったあと、ただの醤油かけごはんを一口食べてみてください。これがまたさっぱりとして妙に旨い。

まさにデザート。

ウズラといえど目玉焼き

目玉焼きを作って食べようと思い、冷蔵庫を開けて卵を取り出し、バタンとドアを閉めたとたん、ふと、頭にひらめくものがあった。

卵の棚の横に、ウズラの卵があった。十個入りのパックに、たしか八個入っていたような気がする。

なにがひらめいたのか。

「ウズラの卵で目玉焼きはできないものか」

これまでにウズラの卵の目玉焼きを作って食べた人はいるのだろうか。

ウズラの卵の目玉焼きは、小さくて、かわいらしくて、一口でパクリと食べられて、オードブルなんかにぴったりではないか。

淀川長治さんだったら、

「きれいですねー、かわいらしーですねー、愛《いと》おしーですねー。では、サイナラ、サイナラ、サイナラ」

と言いながら去っていくにちがいない。長嶋茂雄さんだったら、

「スモール・エッグですね。ワンマウスでパクリですね。オードブルにジャスト・フィットでナイスですね」

と、声を少し裏返らせながら言うにちがいない。

来客のおりなどに、小さな皿にパセリを少し添えて出したら、必ずや話題になるはずだ。

あ、そうそう、その横にほんの小さなハムを添えて、ハムエッグにしてもいいかもしれない。

一口ハムエッグ。

ビールなんかに合うだろうなあ。

よーし、作ってみるぞ。

改めてウズラの卵のパックを冷蔵庫から取り出す。

やはり八個、あの独得の斑《まだら》模様をつけた卵がパックに入っていた。

あの模様は、やはり無いとまずいんでしょうかね。

まっ白というのは、きっとウズラさんの趣味に合わないんでしょうね。

フライパンを火にかける。

るんるん。ちょっと古いけどるんるん。ぼくって、何て素晴らしいアイデアがわくヒトなんでしょう。るんるん。

この八個、全部目玉焼きにしてしまおう。

大きな白い皿に、八個全部並べる。

白い皿に、黄色くて小さくて丸い黄身が八個。

その一個一個の横に、ほんの小さなパセリをチョンチョン。るんるん、チョンチョン、るんチョンチョン。

フライパンが熱くなってきたところでバターのカタマリをポトリ。

最初の一個をカチンとコンロのカドにぶつけて割り、ポトリとフライパンの上に落としてジュッ、という予定だったのに、アレレ、ウズラの卵というものは、アレレ、カチンではなくグシャとつぶれ、こうして、ヒビは入ったものの、鶏の卵のようにパカリと割れて中身がニョロリというわけにはいかない。

ヒビのところに爪を当てて、割るというより破るというか、むくるというか、そうしないと穴は開かない。

卵の殻の下に和紙のような膜があって、これが和紙のようにしぶとくてなかなか破れない。

渋目の斑模様といい、この和紙の内貼りといい、ウズラさんはどうやら和風趣味で一貫しているようだ。

卵の先っぽを、そうやってむくって直径六~七ミリの穴を開け、穴を下にしてフライパンの上に持っていってポトリ、のはずなのに、オヤ、中身がポトリと落ちてこない。

中身が落ちるに十分な穴を開けてやったのに、なんで落ちてこないの、エ？　こうして、二度三度と振っているのに、エ？　どういうわけ？　フライパンがどんどん焦げるじゃないの。

そういえば、同じようなことをしている人をときどき見かける。

「麦とろ定食」を取ったおとうさんが、デハ、と軽い気持ちでウズラの卵を手に取り、軽い気持ちでカチンと割るつもりが〝グシャ〟に出会い、そのあとはもうなにがなんだか、指先ベトベト、殻ポロポロ、ようやく開けた小穴を下にしてとろろの小鉢の上でハゲシク振りつつハゲシク怒っているおとうさん。

ここでぼくは、「ウズラの卵の中身はなまはんかな穴では出てこない」という貴重な教訓を得た。

なにしろこれからさらに七個割らなければならない。

あれこれ苦戦した挙げ句、これが一番良いという方法を発見した。

ウズラの卵の細い方を上にして、料理用のハサミの刃を中央よりやや上部に当てる。思いきってハサミを閉じる。一度は刃先がカリリとすべるが、勇気をもって一気に切る。上部に直径一・五センチ程の穴が開く。これでも中身は落ちない。そこで、ハサミの先端で、一・五センチの穴のフチをもう少し切って拡げる。この一個一個を、ウズラの卵パックの上に並べておく。

これで準備は完了。

火は超弱火。ポトリと落とすとき、卵の位置が高いと黄身が破れて台無しになる。フライパンの底にくっつけるようにして落とす。焼きあがる時間は三十秒から四十秒。

中身をフライパンに落とすとき、うんと低い位置から落とせば、まん丸できれいな目玉焼きになる。

フォークではがすと簡単にはがれ、そのまま皿の上に持っていって置く。

その一つ一つの横に、小さく切って焼いたハムを添える。あるいはベーコンを添える。そしてパセリをチョンチョン。

ビールをゴクリ。

極小ハムエッグをワンマウスでパクリ。まあ、まあ、なんてかわいらしい目玉焼きなんでしょうねえ。味は鶏の目玉焼きと少しも変わりませんねえ。

それでは、サイナラ、サイナラ、サイナラ。

ウズラの親子丼製作報告

ウズラの卵で目玉焼きを作るという話を書いた。

一種の手柄話として書いた。

ウズラの卵で目玉焼きを作るなどという発想は、ふつうの人にはなかなか浮かぶものではない。

どうだ、すばらしいアイデアだろう、まいったか、という〝どうだ物〟として書いた。

そうしたらですね、それからしばらくして、知人が、

「そういやテレビでも、もうだいぶ前にそんなこと言ってたな。マチャアキの『チューボーですよ！』という番組で、親子丼がテーマのときに、出演していた元シブがき隊のヤックンが、『ウズラの肉と卵で親子丼ていうのはどうかな』とか言ってたぞ」

と言うのだ。

それを聞いてぼくははなはだ面白くなかった。

ウズラの目玉焼きより、ウズラの親子丼のほうがはるかにすばらしいアイデアである。

してやられた、と思った。

ぼくはウズラの目玉焼きというアイデアを考え出したほどの人物である。

だからいずれ、ウズラの親子丼というアイデアも思いつくはずの人物であるといえる。（このへんのリロン、しっかりしてるナ）

つまり、いずれぼくが思いつくはずのアイデアを、ヤックンが横取りしたのである。

（リロン、ますます冴えてるナ）

口惜しい。ヤックンに石ぶつけるー。

いやいや、まてまて、そういう、目には目をという考え方はよくない。（どこが？）

腹いせでいこう。腹いせにこっちがウズラの親子丼を実際に作ってしまうのだ。

（腹いせという考え方でいいのかナ）

そうすれば向こうだってグーの音も出まい。どうだ、まいったか。（自分でもよくわからん）

とにかくウズラの親子丼を作ろう。

親子丼さえ先に作ってしまえばこっちのものだ。

ウズラの親子丼を作るには、ウズラの肉とウズラの卵が要る。

ウズラの卵のほうはどこでも売っているが、肉のほうはどこで売っているのだろう。
二、三のデパートに行ってみたがどこでも扱っていない。
ハタ！　そうだ！　そういえば、だいぶ前にアメ横のアメ横センタービルに行ったとき、地下のアジアの食材の店で売っていたような気がする。

行ってみたらありました。

冷凍もので、四羽入りワンパックが六四〇円。一羽の大きさは人間の拳より小さいからヒナ鳥かもしれない。

解凍してみると、小さいながらも頭もクチバシも足も全部ついている。

不憫なウズラちゃん

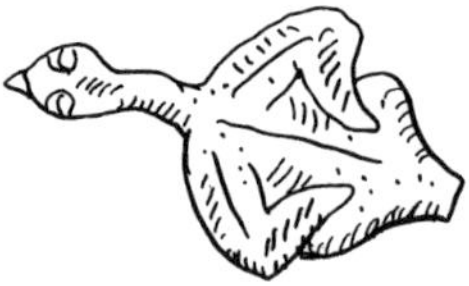

小さくて幼い体をいたわりつつ解体していく。

肉の部分がきわめて少なく、四羽からはがし取った肉の総量は約九〇グラムだった。

一番大きい肉片は、胸のところの肉で、これが小さなケシゴム大。あとはチリヂリバラバラの小片ばかり。

これを醤油と酒に十分ばかりつけて下味をつける。

ウズラの卵五～六個が鶏卵の一個分。

親子丼には鶏卵を二～三個使うから、ウズラの卵を十五個割る。割って軽くかきまぜる。

玉ネギ半個を薄く切る。

市販の蕎麦ツユに、甘みを少し足すため砂糖少々入れて煮たてる。

蕎麦ツユにウズラの肉を入れ、玉ネギを入れ、最後にウズラの卵を入れて軽くかきまぜ、丼の熱いゴハンの上にのせる。

ウズラの親子丼、堂々の完成。

どうも卵の色が薄い。親子丼は、卵の黄身の黄色がところどころ見えかくれするところにその色彩美があるのだが、全体が白っちゃけている。

味はどうか。
鶏の卵よりやや淡白で、卵のコクということになるとやや問題がある。
肉はなかなか魅力的だ。
地鶏風の歯ごたえがあって、野鳥風のクセと匂いがある。
ここのところが、鶏の親子丼との最大の違いといえる。
親子丼の最大の魅力は、どっちかというと肉より卵のほうにある。

タマゴ三親戚

甘めの蕎麦ツユと混じり合ったコクのある卵。
このグズグズが、熱いゴハンにグズグズとしみこんだおいしさ。
だから卵にコクがなくてサラサラしていると、その魅力は半減する。
ここにコクを加えるにはどうすればいいのか。
そうだ。鶏の卵の助けを借りればいい。
コクのある卵といえば地鶏の卵だ。
比内鶏とか名古屋コーチンとか、そういう地鶏の卵がいい。

名古屋のコーチンおばさんに、そう言って卵を分けてもらう。

ついでにコーチンおばさんにそう言って、肉も分けてもらえればもっとコクが深くなるのではないか。

しかし、そうなると、これは何丼ということになるのか。

ウズラの親子のところへ、親戚のおばさんと甥っ子が押しかけてきて同居したことになる。

同居丼、あるいは押しかけ丼ということになるのだろうか。

せっかくウズラの親子が、親子水入らずで仲むつまじくやっていたのに、丼の中はややこしいことになる。

こうなったらいっそ、親戚中に呼びかけるというのはどうか。

ウズラ、鶏、七面鳥、鳩、あひる、ホロホロ鳥、鴨などが馳せ参じた〝総決起大会丼〟というのもおいしいかもしれないぞ。

ピザ丼誕生秘話

たけしが賞を取った。

どういう賞かというと、イタリアのベネチア国際映画祭の金獅子賞という賞だしょうだ。

快挙である。

日本人として非常に嬉しい。

大規模な快挙が行われたときには、記念切手発行とか、記念金貨発行とか、そういうことが行われるのが通例だ。わたくしとしても、個人的ではあるが、この快挙を記念して何かを発行したい。

記念金貨は無理なので、記念丼というものを発行したい。

ベネチア国際映画祭金獅子賞受賞記念丼というものを発行して、国際丼祭特上丼部門で金丼賞を取りたい。

どういう丼がいいだろうか。

当然、日本とイタリアの両国民が、むべなるかな、と納得するものでなければならない。

考えあぐねること三、七、二十一日、ついにピザ丼というものを案出した。

イタリアを代表するピザ。

日本を代表するコメ。

両者を合体させたピザ丼。

イタリア全国民、日本全国民が、うちそろって激しく首をタテに振るさまが目に浮かぶ。

これが世紀の
ピザ丼誕生の
はじまりであった
スポッ

と、ここまではよかったのだが、丼に盛ったゴハンの上にピザを載せただけで、ハイ、ピザ丼です、というわけにはいかない。

イタリア全国民、日本全国民が、うちそろって激しく首をヨコに振るさまが目に浮かぶ。

丼のゴハンとピザを仲立ちするものがなければならない。

カツ丼で言えば、ゴハンとカツを仲立ちする〝卵とかけ汁と玉ネギ〟がなければならぬ。

スーパーに通うこと四、五の二十日。

スーパーの棚に「ピザソース」なるものを発見した。

デルモンテの製品で内容を見ると、ま、トマトソースの一種と考えてよさそうだ。

そうだ、仲立ちはこのピザソースに頼もう。イタリアの力を借りよう。

買って帰ってなめてみると、丼のタレとしては味がうすい。

そうだ、ここへ醤油を足そう。イタリアのピザソース、ニッポンの醤油、日伊が手を組んでピザ丼のタレとなるのだ。

と、ここまでは順調であった。

上に載せるピザはどういうピザか。

丼の上に、ピザーラの二十五センチものを載せたのではハジが全域的に垂れ下がる。

かといって、切った三角形のものでは丸い丼の上の収まりがわるい。

考えあぐねること三、三が九日。

スーパーの棚の上に、東京デリカのミニピザというものを発見した。

蕎麦屋さんなどにあるごく一般的な丼の、フタがかかる部分の直径は十三センチである。

このミニピザの直径は、ああ、なんと十三センチ。神も照覧、わが記念丼の発行を温かく見守ってこのミニピザをご用意くださっていたのだ。

このミニピザは「オーブントースターで5〜6分焼いてください」とある。

ピザ丼三種の神器
delsole
ミニピザ
三枚入り
生のおいしさ
ピザソース
ミニピザ
ピザソース
ゴハン

しかし、丼物の具はむしろ湿っていなければならぬ。ピザをしっとりとさせなければならぬ。

考えあぐねること二、八の十六分。

レンジでチンすれば、ゴハンの蒸気で蒸れるのではないか。

いよいよ世紀のピザ丼の製作が開始された。

丼にゴハンを盛り、その上にミニピザを載せる。

なんとまあ、ゴハンのフタとしてピッタリなことか。

とりあえず、ピザの上にピザソースをたっぷりとかけまわす。

丼上はたちまち赤くなった。

どうもこのままでは工夫が足りない。

考えあぐねること二、三が六分。

カツ丼のヒソミにならって玉ネギのうす切りを散らすことを思いついた。

だが製作者は更に丼欲であった。

もっと、日と伊のカラーを濃厚にしたい。

考えあぐねること二、〇が〇分、たちまちアンチョビを思いついた。

アンチョビはもともとピザのトッピングの一つであるし、その上、イタリアを含む地中海一帯の産物である。

すなわちアンチョビをこまかく切ってピザソースの上に散らす。

そうして、その上から醤油を少々かけまわす。

丼上はピザソースの赤、玉ネギの点々の白、アンチョビの褐色と賑やか。

むべなるかな、とつぶやいてラップを軽くかけてレンジでチンすること二、一が二分。

取り出したピザ丼のピザはヤワヤワ、ホカホカ。ピザでピッタリフタをされたゴハ

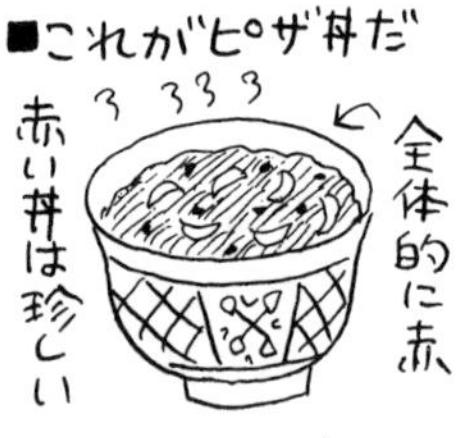

ンは、ムレムレと蒸れ、ピザをもムレムレと蒸れさせている。

糸を引くチーズ。糸を引くチーズとゴハン。糸を引くチーズとゴハンと醤油が意外にもマッチする。

ピザソースで蒸らされたピザは、お好み焼き的味わいとなってこれも意外にゴハンに合う。

点在するアンチョビの複雑な塩気。

ピザにのっていたサラミの塩気は塩辛的味わいでこれもゴハンに合う。

そこに加わる玉ネギのシャリシャリ。

よく考えてみると、トマト系のケチャップとゴハンの相性は、オムライスですでに実証されていたのですね。

映画界がそうであるように、丼界もこれからは世界に視野を向けて生きていかなければならない。

このピザ丼の誕生を契機にして、次なる世界的視野丼誕生の波がヒタヒタと押しよせているような気がする。

杉作、ニッポンの丼の夜明けは近いぞ。

説教食のすすめ

お説教はよくない。嫌いだ。

自分の説を人に押しつけるなんて、とんでもないことだ。

だいたいお説教というものはだね、たとえばキミのさっきの、あの態度、ああいう場合はだね……。

なんて、結局お説教をしている人がよくいる。

とんでもないことだ。

食べ物にもそれはあてはまる。

ドコソコでナニソレを食べてみたら、どえりゃー、うまかった。ぜひキミも食べてみなさい。あれを食べんうちは、いっちょうまえの顔できんがや、などと自分の説を人に押しつける。

とんでもないことだ。

ところで、わたくしは、つい先だって、カップ麺の「ラーメン」に、カップ麺の「天ぷらうどん」のかき揚げをのせて食べてみたら、どえりゃーうまかった。ぜひ、あんたもためしてみんさい。

〔交換麺〕

カップ麺を二つ買ってくる。
「ラーメン」と「天ぷらうどん」である。
そして同時にフタを開ける。
これが、世界同時革命ならぬ、世界同時革麺の始まりである。
「天ぷらうどん」のかき揚げを、「ラーメン」の上にのせる。
「ラーメン」の、チャーシューとメンマを「天ぷらうどん」の上にのせる。
とりあえず、「ラーメン」のほうから食べる。
（ラーメンにかき揚げをのせて食べてみたら、もしかしたらうまいのではないか）
という思いは、日本の全国民が持っている潜在願望である。
そういう〝民族の夢〟、〝全人類の願い〟が、いま、ここに叶えられようとしているのだ。

最初の一口は「ラーメン」の味。次の一口は「かき揚げラーメン」の味。

そして最後は、かき揚げの崩壊によって「タヌキラーメン」と化すのである。

一口で二度おいしい、どころではなく、一カップで三度おいしい、のだ。

ラーメンのスープは、それはそれで完結した味なのだが、そこに天かすの油の味が加わるのだ。

ラーメンのスープをすすると、スープといっしょにタヌキのモロモロもすすりこむことになるのだ。

まずかろうはずがありゃせんがな。

ラーメンスープ独特の鶏の脂のキラキラに、天かすの油のキラキラが加わるのだ。

どえりゃーうみゃー、なんて域を超えとるがな。

「天ぷらうどん」のほうは、チャーシューとメンマで食べる。

うどんとチャーシュー、うどんとメンマという取り合わせが、新鮮でおいしい。

〈ワサビの葉もどき〉

カブの葉っぱ、どうしてますか。

捨ててるでしょう。

あるいは、（とりあえず、あとで）なんて言いながら、冷蔵庫に入れて、しなびさせて結局捨ててるでしょう。

カブの葉は、おひたしにするとおいしい。ワサビの葉のおひたしってありますね。あれそっくりの味になる。

ちょっと苦くて、パキパキしていて、糸がつおとお醤油が合う。

さっとゆでて、あまり火を通さないのがコツ。醤油とカラシとマヨネーズを、水でゆるめたものもサラダ感覚でおいしい。

ちゃんとネ
あとでネ
なんとか
利用する
もんね
と言いわけ
するオバサン

【マグロ大根おろし】

マグロの刺し身を、ワサビの代わりに大根おろしで食べるだけのことなのだが、これがなかなかいい。

ときとして、（ワサビよりよっぽどおいしい）と思うことさえある。

大根おろしの水気を少し切って、お醤油は多め。

刺し身にたっぷりまぶして食べる。

マグロの生ぐささが消え、大根おろしの新しい味が加わる。

大根おろしの辛みと甘みが、マグロの脂をやわらげ、さわやかにし、最後にきちんと、マグロの香りを立ちあがらせる。

長年食べなれて知りつくしているマグロが、新しい味となったことを知る。

赤身に合い、トロに合う。

〔レンジハマグリ〕

これはもう、ほんとになんにもしない料理で、究極のレンジ料理と言える。

ハマグリを洗って皿に並べる。

ワンパック六つ、というのが多いがそれを並べてレンジに入れてスイッチを入れる。

この料理の大事なところは、レンジの中をのぞいていることである。

のぞいていることが、料理をしていることになるのである。

最初の一個がパクンと口を開けたら、ただちにトビラを開けて取り出し、再びスイッチオン。次のが口を開けたら同様にすぐ取り出す。

と、いうふうにして、全部取り出して皿に盛る。何の味つけもしない。

ハマグリ自身の塩気で十分。

貝の香り、磯の香り、中身じっとり。日本酒に合うことこの上なし。

これは故人の荻昌弘《おぎまさひろ》氏のアイデア。

〔納豆の糸だけ蕎麦〕

納豆蕎麦というのを、ときどき蕎麦屋で食べるが、納豆と蕎麦は口ざわりが合わない。

納豆のゴロゴロが、せっかくの蕎麦の感触を損なう。

納豆の味と香りは蕎麦に合うが、本体が邪魔なのだ。

そこで、納豆の糸だけを利用して蕎麦を食べる方法を思いついた。

蕎麦ちょこに、大サジ1の納豆を入れてよくかきまわす。その上から、蕎麦つゆをそそぐ。納豆の上二センチのところまでそそぐ。そそいだらもう一度かきまぜる。

あとは、ふつうに盛り蕎麦を食べるように食べる。

ただし、底に沈んだ納豆には触れないように食べる。

蕎麦の表面が納豆の糸でヌルリと覆われ、口ざわり、のどごし、この上なし。

納豆の糸を含んだ蕎麦つゆが、蕎麦をもう一味、奥深く、野趣に富んだ豊かな味にしてくれる。

ぜひいっぺん、ためしてみてちょ。

2章 にわか職人の手仕事編

ラーメンスープ製作日記

このところ、ラーメンのスープづくりにハマってしまって困っている。

毎日、深夜、三時間も四時間もスープ鍋の前に立ち、フツフツ煮えるスープを見つめている。

ときどき浮いてくるアクをアク取りですくい取っては次のアクが浮いてくるのを待っている。

スープづくりにかける時間の分だけ睡眠時間が減る。

困ってはいるのだがどうしてもやめられない。

つくればつくるほど、新しい疑念、テーマ、アイデアがわいてきてやめるわけにはいかない。

そもそもの発端は、上野のアメ横で鶏の足先、通称モミジを発見したことにある。

「モミジからはええダシが取れまんねん」

とはラーメン業界の常識だ。

ぼくもかねがね「取れまんねんやろな」と思っていたのだ。

だがモミジはどこにも売ってない。

そのモミジを、アメ横の中ほどにある「アメ横センタービル」の地下で発見した。

迷わずゲット。

この地下は、アジア関係の食材の市場で、並んでいるのは珍しいものばかりだ。そして安い。

モミジ
↑印のところにプックリおニク！おいしそう！

モミジ（七個入り）一袋三〇〇円。

豚骨発見。一本九〇円。二本ゲット。

豚の皮発見。厚さ四センチ、ねっとり部厚い脂がついていて、週刊誌見開き大のものが三五〇円。ええダシ取れまっせ。ゲット。

豚の胸の骨のガラ発見。アバラ骨に肉ビッシリ。一袋八五〇グラム、三九二円。よくわかんないけど、ええダシ、ゴッツ取れそう。ゲット。

豚のしっぽ発見。長さ二〇センチぐらいのが七本入って一袋、五〇〇円。くさいダシ取れそう。ゲットせず。

あとはどこでも売っている鶏ガラ一羽と手羽先五本を購入して帰宅。

ここで買ったものを整理してみよう。

豚関係＝豚骨、皮、ガラ。

鶏関係＝モミジ、ガラ、手羽先。

ふつうなら、これらをいっしょくたにして煮込み、そこへ昆布を加え、煮干しを加え、ということになるのだが、これだと味の方向の予測がつかない。プロにはわかるがシロートには無理だ。

スープづくり一週間の修業で、ぼくはついにシロート向けの方法を発見した。

それは、材料別に煮込んで、あとでそれを、ウィスキーの調合をするように調合するのだ。

豚関係は豚関係で一鍋。

鶏関係は鶏関係で一鍋。

昆布と煮干しはいっしょで一鍋。

野菜関係の、玉ねぎ、ねぎ、生姜などは、三者を調合したあとで煮て甘味を出す。

これならシロートでも味の方向づけができる。

「あのよう。その三者をいっしょに煮るからこそゴッタ煮の旨味が出るんでないかい。別々にスープ取ったらうまくいかないんでないかい」

という意見は無視。

「なにしろ、こっちはシロートだでよう」

という一言のもとに無視。

豚骨をノコギリで二つにし（重労働）、すべての材料を一度下煮してから三つの鍋を火にかけて製作開始。

最初は三つの鍋から猛烈にアクが出てアク取りに大忙し。大奮闘。

そのうちアクはやや収まるが、それでも一時間以上アクはやまない。

二時間経って、うん、もう、収まったな、と思って油断していると、五分ぐらい経ってまた出てくる。十五分経つとまた出てくる。

十分ぐらい経ってまた出てくる。

「ええかげんに、しなさい」（桂三枝*サン風に読んでください）

というぐらいしつこく出てくる。

しかし、この〝深夜のスープづくり〟は、なかなか捨てがたいひとときだ。特に、アクがある程度収まってからがいい。

フツフツ煮えたぎる鍋を見つめ、その様子を見つめてはいるのだが頭の中は別のことを考え、その考えが別の考えを呼び、ふとスープに戻り、いいスープになってくれよ、と、意味もなく少しかき回し、しかし、とまたさっきの考えに戻る。

この行きつ戻りつが〝スープのひととき〟の味わいといえる。

料理には、切る、練る、つぶす、飾るなどの動きのあるひとときと、スープづくりのような動きのないひとときがある。

することはただ見つめているだけ。見つめている必要はないのに見つめているひととき。ある程度のぼんやり。ある程度の放心。

こういう〝単純きわまりないひととき〟が、われわれのいまの生活には少なすぎる。

深夜、鍋が自分の相手をしてくれているひととき。

だから、三時間ぐらい経って、もうまったくアクが出なくなったときはとても寂しい。

「キミの用は済んだよ」

と鍋が言っているのだ。もう用はないよ、と言っているのだ。

鍋に見捨てられたのだ。

それまで一生懸命、手をかけて慈しんできたものが、自分から離れていくのだ。子育てを終えつつある母親の心境はこんなものなのだろうか。

〝調合〟は、鍋の中身を一度漉してからのほうがいい。そのほうがわかりやすいしやりやすい。

今回のようにたくさんの材料を使った場合は、味付けは塩と薄口醤油だけのほうがよいようだ。

化学調味料に頼らなくても「ここまでおいしい」というラーメンスープを目ざしてきょうもまた……。

最近中華材料コーナーなどでときどき見かけるようになった貝柱パウダー
￥850
貝柱
かくし味に広く使われています
これを少量入れるととたんにプロの味
大抵のプロが使っているが他言しないというウワサあり

＊現・桂文枝

簡単チャーシューの作り方

ぼくはいま、ガリレオ・ガリレイの苦悩を味わっている。

相対性理論を発表する前のアルバート・アインシュタインのおののき、と言ってもいいかもしれない。

自分の信念に少しの揺るぎもないが、もしかしたら信じてもらえないかもしれない、というおののき。

真理は一つなのだが、真理が必ずしも世間の理解を得られるものでないことは歴史が証明している。

ぼくがこれから世間に問おうとしている真理とは何か。

それは〝醤油で煮ただけのチャーシューはおいしい〟ということである。

「そんなバカな」というのが、世間一般の反応であろう。

地動説も最初そう言われた。

相対性理論もそう言われた。

しかし真理であった。

しかし、真理として定着するまでに、長い時間がかかった。

〝醬油で煮ただけのチャーシューはおいしい〟も、真理として定着するまでに長い時間がかかるにちがいない。

チャーシューの作り方は店によってさまざまだ。
多くのラーメン屋で使っているのは、本格的に炉で焼いたりするのではなく、煮て作る煮豚である。テレビのラーメン番組などに出てくるラーメン屋のオヤジは、
「ウチのチャーシューは、豚肉のカタマリに秘伝のタレと秘伝の香辛料を秘伝の技でもみこみ、秘伝の時間寝かせたあと、秘伝のスープを秘伝の温度にわかして秘伝の回数ひっくり返しながら秘伝の時間煮ます」

などと秘伝顔で秘伝げにしゃべっていたりする。そういう秘伝チャーシューと、これからぼくが発表するチャーシューは同等なのである。

〝醬油で煮ただけのチャーシュー〟と書いたが、正確には醬油では煮ない。

まず豚肉のブロックを買ってきて茹でる。茹であがったら、醬油につけこむ。これだけのことだ。これ以外のことは何にもしない。

これは是非、単身赴任のおとうさんに試していただきたい。

しかし、真理が必ずしも世間の理解を得られるものでない、ということは前にも書いた。

「そんなものがね、秘伝チャーシューに匹敵するはずがないじゃないか」

という声が、ここで全国各地からドッとあがったはずだ。

自分でも不思議なのだが、この方法で何回作っても、（茹でて醬油につけただけ）とは思えない味になるのだ。（茹でて醬油につけた）以外のことは一切してないのに、（それ以外のことを何かした）ような味になるのだ。

本当なのだ。ウソじゃないのだ。真実なのだ。

しかし、料理のドシロートのぼくがいくら声を大にして叫んでも、誰も信じてくれないにちがいない。これをもし、周富徳先生が提唱したのであれば、

「ナルホド。そういうものかもしれない」

という声が全国からドッとあがるにちがいない。

「ヨシ、いっちょう作ってみっか」

と、単身赴任でないおとうさんも、台所に駆けこむにちがいない。

ただ、これに近い作り方をしている店もあることはあるのだ。

目黒の「田丸」。ここのチャーシューは、「他のものは一切入れず生醤油で煮るだけ」とある。このほうがラーメンには絶対合う、と店主は雑誌で述べている。

では、スーパーに行って豚肉を買ってくることから始めましょう。

三枚肉でも肩ロースでも、モモ肉でも何でもいいから四百グラムぐらいのブロックを買ってくる。

鍋に湯をわかす。わいたらブロックを入れる。

四百グラムぐらいのカタマリで、大体三十分で火が通る。

金串で刺してゆっくり引き抜き、赤い汁が出てこなければ火が通っている。これを

生醤油につけこむわけだが、このときびっくりするほど醤油が要る。

ぼくはもともと気が大きいほうではないが、大量に醤油を使わなければならない料理のときは、心臓がドキドキする。

鍋に醤油をドブドブと注いで、醤油ビンの醤油がドブドブ減っていくのを見ていると、もったいなくてもったいなくてハラハラドキドキしてきて、それでもまだドブドブ注がなければならないときなど、このまま死んでしまいたい、と思うほど絶望的な気持ちになる。

醤油がドブドブ減っていくのは死ぬほどつらい。

ドブドブを防ぐ方法が一つだけある。醤油やミネラルウオーターなどのペットボトルをハサミで切って使う。カタマリの太さに合った1ℓ、1.5ℓなどのペットボトルにスポリと入れ、そのスキマに醤油を注ぎこむ。

もっとも、この醤油は、チャーシューをつけこんだあと、また醤油として使えるわけではあるが……。

醤油につけこむとき、誰もが迷う。

せっかく作るのだから、醤油に生姜を少し入れてみてはどうか。ネギはどうか。紹興酒はどうか。スープの素を少々はどうか。ニンニクひとかけ何とか頼む。ハチミツ一滴見のがしてやってくれ……などなど。

一切ダメ。ぜえーったいダメ。

しょっぱさ加減は引き上げる時間で調節する。四百グラムのカタマリで二十分から三十分。

二十分ぐらいたったら一度引きあげて味をみる。このときハジッコを切って味見してはダメで、ハジッコはまん中より必ずしょっぱい。
堂々と勇気をもってどまん中を切って味見をする。
さぞかししょっぱいチャーシューにちがいないとお思いでしょうが、これが不思議にとがった味にならず、醤油がマイルドな味になっているのに驚くはずだ。

即席クサヤ作製記

今回は実践篇です。

男子厨房に入る篇、というか、おっちゃんのおままごと篇というか、そういうヘンな篇です。

つい先日、アシタバやクサヤなどを出す八丈島料理の店で、半生タイプのクサヤを食べたら、これがとってもウマかった。ふつうのクサヤはかなり硬く、手でむしって食べることになるが、半生タイプはふつうのアジの開きと変わらないぐらい軟らかい。箸でほじって食べられる。

身の厚い焼きたてを箸でほじると、内部からモワモワと、あのクサヤ独得の匂いと湯気が立ち昇ってきて鼻腔をくすぐり、たまりまへんでした。

このモワモワの立ち昇り方が、カチカチタイプとまるで違う。

湿ってるわけですね、モワモワが。

この半生タイプを日常的に食べるには自分で作るよりほかはない。

それにはクサヤの原液が必要だ。

クサヤの原液は、大島や八丈島のクサヤの製造所に行っても、何百年もかけて作りあげた秘伝の原液だから絶対に分けてくれない。素人のクサヤ作りは早くも挫折したわけです。

なんとかならないか、と考えあぐねること三・七・二十一日目もあけようとする午前三時、夢枕にクサヤの神様が立ち、

「サダオや、クサヤの原液の代わりとしてショッツルがいいんでないかい」

とおおせられたのである。

サダオはガバと起きあがり、神様を

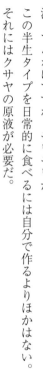

伏し拝もうとしたが、すでに神様の姿はなく、部屋の片隅にかすかにクサヤの匂いが漂うばかり。

なるほど秋田特産のショッツルは、イワシ、アミなどの小魚を塩漬けにして発酵させ、にじみ出た液体を濾《こ》したものだ。能登地方のイシルもこうした魚醤の一つで、よく考えてみると、クサヤの原液もアジやトビウオなどで作った魚醤の一種なのだ。

ウーム、さすがクサヤの神様、目のつけどころがスルドイ。

そのときサダオの頭にもスルドイ考えが浮かんだ。

魚醤ということであれば、最近のタイ料理ブームでよく使われるナンプラーとか、ベトナム料理のニョクマムもその仲間ではないか。よし、ショッツルとナンプラーで即席アジのクサヤを作ってみよう。

スーパーが開店するのを待って、サダオは即席クサヤ作りにとりかかった。まずアジを三匹買った。

ショッツルとナンプラーは、以前デパートで買ったものがある。

ショッツルは秋田市の高寅商店の三六〇ミリリットルのもので五〇〇円。ナンプラーは、メーカーがタイ語で読めない本場物。

アジを三匹買ったあと、料理用のハケを買った。それから洗濯物を干すハンガーを買った。（株）スマイル社のもので「ミニハンガー」といい、小さいながらも八匹干すことができる（二四〇円）。

これで準備はととのったのだが、スーパーの棚で、ふとアンチョビソースのビンを発見した。

そうだ、アンチョビもイワシを塩漬けにして発酵させたものだ。よし、アンチョビソースも試してみよう。ころんでもただでは起きないところがサダオの特長だ。（どこでころんだんだ）

買い物から帰ってくると、まずアジを開いてハラワタを出す。

開き干し風に開くのがむずかしい人は二枚おろしで十分。

この日の天候はうす曇り、気温一八度、南南西の風、風力3、気圧一〇一六ヘクトパスカル。干物日和とはいえないようだ。

小皿にショッツルとナンプラーとアンチョビソースを取り分け、ハケで一匹ずつに塗り分ける。アジの皮側と内側の両方に丁寧に塗りつける。

アジの体にハケでショッツルを塗ってやっていると、少しずつ愛情のようなものがわいてくる。塗っている、というより、なんかこう化粧をしてやっている、というような気持ちになっていく。

皮側に塗るときは平気なのだが、内側に塗りつけるときは、

「ちょっとしみるけどガマンしてね」

と、ささやきかけたりして、宮崎クンちのツトム君風のややアブナイ気持ちになっていく。

第一回目の塗布完了。

ただちに定員八匹のミニハンガーに三匹をつるしてベランダに干す。

あとで、どれに何を塗ったかわからなくなるので、ハンガーの上部に塗布物を書いた紙片をテープで貼っておく。

日差しが弱い。風が弱い。

逆さにつりさげられた一匹一匹に、

「ガンバレよ」

と言うよりほかはない。

魚の干物は大きさにもよるが、二、三時間が目やすだ。

三十分経過。表面はまだ少し濡れているが、第二回目の塗布。

このとき、ハエが一匹来襲。

お懐かしやハエ様。

最近はとんとハエに会える機会がない。アジも久しぶりにハエに再会できて、きっと嬉しいにちがいない。

ハエは一匹一匹に丁寧に挨拶してまわっている。

また三十分たって三回目の塗布。

三種混合というテもある
特製
しょっつる
塩魚汁
FISHSAU
ANCHOVY
SAUCE

その後何回か試してみたが、中ぐらいの大きさのアジで塗布四回、時間は二時間というのがいいようだ。

焼いて食べてみると、ウム、一応大成功といっていい。

本物のクサヤには及ばないが、一応それらしい発酵臭があり、それよりなにより、ふつうのアジの開きとは違う〝味の深い開き〟となっている。ビールによく酒によくゴハンに合う。

ショッツルとナンプラーはほぼ同じ味で、アンチョビだけちょっと傾向が違う。発酵臭は少ないが、ウマみは大きい。ぜひ一度おためしください。

カラスミを作ろう

今回は「料理教室風」になります。

この「なります」は、レストランのおねえさんが言う、「こちら、スパゲティ・ナポリタンになります」の「なります」と同じ「なります」になります。

雑誌などの料理記事では、料理人や料理研究家が、「○○の作り方」を教えることになりますが、今回はぼくがその役をやることになります。

作りますものは「簡単カラスミ」。

カラスミといえば、日本珍味界の帝王と言われ、値段高いよ、と言われ、言われた人は恐れおののきながら、いくらぐらいすんの、と訊けば、タラコぐらいの大きさのものが一本八千円と言われ、言われた人はすぐ牛丼の値段と比べ、牛丼に換算すると、エート、と言いながら計算し、約27杯分とわかり、急に怒り出す、と言われている超高級食材ということになります。

怒った人は当然、そんなものの作り方は教えてくれなくていい、と思うでしょうが、ちょっと待ってください。

いまからこの料理教室でお教えしようとしているカラスミは一本二百円で作れます。しかも、このカラスミはびっくりするほどおいしい。

一本八千円のカラスミより、一本二百円のカラスミのほうがずっとおいしい、と言う人もいて、その人とは当然ぼくのことで、ビールに合い、酒に合い、ゴハンに合う。

この一本二百円のカラスミの作り方は、ぼくの知り合いの寿司屋の親方に教えてもらったものなので、プロも保証する味、ということになります。

本物のカラスミはボラの卵巣で作るが、こっちは、そのへんで売っているタラコで作る。

なにしろ一本二百円のカラスミなので、別名、貧乏人のカラスミ、と言われており、人によっては、プアマンズ・カラスミ、と言う人もいて、この場合は、プアマンズ・カラスーミというふうに発音することになります。

しかもこのプアマンズ・カラスーミは作り方が超簡単。

本物のほうは、ものすごく手間ひまがかかる。

まず、ボラの卵巣を一週間塩漬けにする。次に、この一週間漬けたものを水に二時間漬けて塩抜きをする。それを日本酒に一週間漬け込む。

一度やってみたかった!
もう思い残すことはなし!
カラスミの丸かじり

漬け込んだものを、一週間、形を整えながら天日干しにしてようやく完成。

つまり材料そのものが高い上に手間ひまがかかっている。

だから、高いよ、ということになって、帝王になるわけだが、わがプアマンズ・カラスーミは、手間ひま一切なし。

買ってきたタラコを干すだけ。

なにしろタラコであるから、すでに塩で味がついているわけで塩漬けの必要はないし、塩抜きの手間も要らない。干す、に至る手間ひまは全部済ませてある。

では、ここから「料理教室風」になります。

材料〔一人分〕　Ａ（タラコ一本）
調味料　なし
調理用具　なし
下ごしらえ　なし

材料　Ａ（タラコ一本）、と書いたのは、ホラ、料理教室だと「材料Ａに塩と胡椒《こしょう》を軽く振り、それをＢと混ぜ合わせて火にかけ……」などというレシピが出てきますよね、あれを真似てみたかっただけで、他意はありません。

ここで突然告白しますが、手間ひまはかからないが時間はかかります。

一週間かかります。

時間がかかることをここまで伏せておいたのは、そのことが知れると料理教室の生徒が減ることを恐れたからで、他意はありません。

でも、その間にやることといえばときどき引っくり返すだけ。一日に、二〜三回引っくり返すだけでいいので手間ひまはとらせません。

本当は三～四回引っくり返したほうがいいのだが、そのことが知れると生徒が減っちゃうのを恐れただけ。

そうそう、とても大事なことを書き忘れていた。

ボラの卵巣は「天日干し」らしいのだが、わが方《ほう》のは陰干しのほうがいいようだ。

一度、天日干しにしてみたら、カサブタ状のものがいくつか出来、そこのところは少し硬くなって食感がよくなかった。

貧乏人のカラスミ 200円
ということは
わたしは食べてはいけないことになる
だから

陰干しは風通しがとても大切なので、皿ではなくザルを使いたい。

この料理教室の最初のところで、**調理用具** なし、とあったのに、なんだ、ザルが要るじゃないか、とお思いの方もいらっしゃると思うが、そのあたりも生徒数への微妙な配慮ということで、気をつかっていただけるとありがたいです。

一週間かかるわけだが、その寿司屋の親方が言うには、

「ナーニ、陰干しなんかしなくても、一週間、冷蔵庫に入れっぱなしでもけっこう乾くよ。で、思い出したときに上下引っくり返すだけでも大丈夫」

と、いうことでした（ここで生徒数回復）。

一週間のまん中あたりでちょっと切り取って食べるとこれが旨い。

〝タラコの干物〟という味で、ねっとりとおいしい。

そうそう、ときどき指で押して平らにならす、というのも大切。

完成品は塩気ちょうどよく、塩辛のような発酵臭もややあり、まさにカラスミ以上。
タラコでカラスミが出来るのならメンタイコでもいけるのではないか。誰しもそう思うはずだがもちろん出来ます。
〝辛いカラスミ〟、たまらんです。

タクアン漬ケタカ

ぼくはその日、すっかりおばあさんになってしまった。

しかも、田舎のおばあさんになってしまった。

その日というのは、タクアンを漬けた日のことである。

どうしてタクアンを漬けることになったのかというと、師走もおしつまったある日、ふと八百屋の店先に立ちどまったことが、そもそもの発端であった。

どうして立ちどまってしまったかというと、タクアン用の干し大根が、八百屋の店先にうずたかく積んであったからだ。

いい具合にしなびて、渋茶色してぐったりしている大根の束を見ているうちに、「タクアンを漬けたい」という欲求がムラムラとわいてきたのである。

干し大根から、独特のいい匂いが漂ってくる。

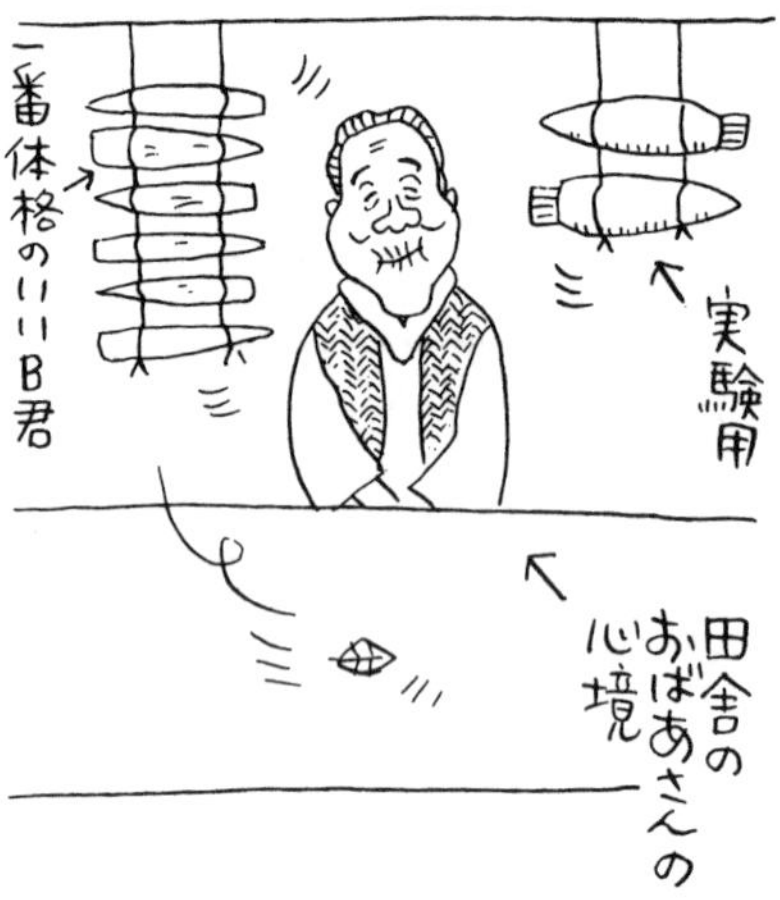

その匂いをかいでいるうちに、「タクアンを漬けたい」という欲求が、さらに強くマチマチとわいてきたのである。

（註　ムラ《村》が発展してマチ《町》となったもの）

迷わずその一束を買った。七本で千八百円である。一本二百六十円の見当だ。

ふと、その隣の、生の大根が目に入った。

何という違いであろうか。

みずみずしく、太く、たくましく、白い陶器のような硬質の肌ざわりの生の大根と、その隣の、水気を失ってシワシワ、ヘナヘナ、渋茶色の干し大根。

ミス○○と、元ミス○○の違い。

昔風にいうなら、現○○小町と、元○○小町の相違。

この、みずみずしい肌をした生大根が、本当に、こんなにもシワシワになるものなのだろうか。そういう疑問がまたしてもムラムラとわいてきてしまったのである。

またしても村は町に発展し、実験してみようと思いたち、それも二本購入した。

こちらは一本百八十円であった。

七本の干し大根と、二本の生大根をぶらさげて帰ってきてから、身辺はにわかに多忙となった。

まず、漬けものの本を買ってきた。

「おいしい漬けもの」という本で、定価は千十円である。電卓を使って計算すると、ここまでの出費は、すでに三千百七十円であることが判明した。

この本によって、〝追加干し〟ということが必要なことが判明したので、まず七本の干し大根を、ビニールヒモでスダレ状にしばって、仕事場のベランダにつるした。

農家の軒先に、干し柿といっしょに大根がつるしてある絵がよくありますね。

あんなふうにしばってつるしたわけだが、この作業はなかなか楽しかった。

それから実験用の生大根も、同様にしばってつるした。

一年で一番忙しい師走だというのに、タクアン用大根の乾燥及び実験用の生大根の

乾燥、という、二大事業を開始してしまったのである。

一方、「おいしい漬けもの」による、タクアン漬けに関する研究及び知識の吸収事業のほうも着々と進んで、いろんなことが判明した。

材料として必要なもの＝糠《ぬか》、塩、ザラメ、トウガラシ、柿、みかん、りんごなどの皮、昆布少々。

道具として必要なもの＝桶、重石《おもし》。

近所の雑貨屋へ行って、重石を買った。意外に高く五キロのものが千七百円もする。雑貨屋のおばさん（推定年齢52歳）が、先刻、ぼくがタクアン用の干し大根をぶらさげて店の前を通るのを見ていたらしく、「プラスチックの桶は要らないの」と訊く。

「桶はですね。木製の本物を買うからいいです」

と言って、そののちデパートに行って桶の値段も見たところ、一万二千円の定価が貼ってあった。

ぼくはオメオメと取って返し、再び雑貨屋におもむき、オメオメと「プラスチックのでいいですからください」と言うと、おばさんはできた人で、何にも言わずにプラスチックの桶を売ってくれた。千二百円だった。

干し大根を干している間に（二日間）、果物の皮の干物の生産に励んだ。みかんを食べては皮を日向《ひなた》のザルのところに持っていって干し、柿を食べては、その皮を干した。

このあたりからすでに〝田舎のおばあさんの生活〟は始まっていたわけだ。

二日経っても、実験用の生大根のほうは、ほとんど変化が見られない。

干し大根のほうは、七本の一本一本に、ＡＢＣＤＥＦＧと、番号をつけ、一本一本の身長、体重を計ってから干した。二日干して、一番体格がよくて八百グラムだったＢ君が百グラム減って七百グラムに減少していた。

七本の総量、三キロ三百五十。

塩は総量の六％が決まりらしく、従って約二百グラム。ザラメ百グラム。糠は、煎り糠ではなく、生糠がいいということで、さんざん探したあげく、米屋で売っていたのを買った。糠は総量の二割弱ということで約五百グラム。百グラム百円である。

重石は総量の二倍から三倍のものが要るということが判明し、五キロのものをもう一個買いに行った。

できたおばさんは、何にも言わずに、黙ってもう一個売ってくれた。

短く切って
こういうので
漬けても
いいそうですヨ

これですべての材料がそろった。

ここまでにかかった費用を、再び電卓で計算してみると、総額七千八百七十円もの巨額に達していることが判明して慄然《りつぜん》となった。中でも、重石代の比重が大きい。

タクアン一本が千円以上ということになる。何だか泣きたいような気持ちになって、タクアン漬けを開始した。

作業そのものは実に簡単だ。

大きなボールに五百グラムの糠をあけ、二百グラムの塩、百グラムのザラメ、昆布（ちぎる）、果物の皮を入れて混ぜる。

桶の底に、この糠を三センチ敷き、干した大根をフチに沿わせて一本、まん中に丸めて一本。そのスキマに、切りとっておいた干し大根の葉っぱと糠を詰め、大根が見えなくなる程度の糠を上にのせて二段目にとりかかる。

三段目に三本詰めこんで上に糠をのせ、塩を全体に多めに敷きつめ、中ブタをしてその上に総額三千四百円の重石をのせて作業は完了。

あとは運を天にまかせるだけだ。一週間ほどで、フタの上に水があがってくれれば成功だそうだ。

「反省！」のタクアン

去年の暮れにタクアンを漬けて、そのことを書いた。

そのあと、タクアンのことをすっかり忘れて暮らしていたのだが、人に会うごとに、

「あのタクアンはその後どうなったか」

と訊かれるのである。

「あの漬け方でうまくいくだろうか」

と心配してくれる人もいるし、

「いや、あれでいい。将来が楽しみだ」

と期待してくれる人もいる。

ハガキで、タクアンのその後の消息を問いあわせてくる人もいた。

どうもなんだか、あのタクアンが、あちこちで人気者になっているらしいのだ。

タクアンの一本一本に、ＡＢＣＤ……と、マジックでシルシをつけて七本漬けたのだが、そういうことなら、もっとちゃんとした名前をつけておけばよかった。

フミヤ、とか、モックンとかつけておけばよかった。

そうなれば、漬けあがった晩には、〝ザ・タクアンズ〟とか名前をつけて売り出すことができたかもしれない。

実を言うと、ぼくとしては、あのタクアンは、もう済んだこととして処理したかった。できることなら、もうあのタクアンのことは思い出したくないのである。

なぜかというと、あのタクアンとぼくの間に、不幸な出来事が起きていたからなのである。

タクアンを漬けたのが十二月十五日で、その翌日から毎日、重石を取ってはタクアンの様子をうかがっていた。

漬かり具合を毎日観察していたのだ。

小学生のころ、夏休みの宿題として蟻を飼ったことがある。

広口のガラスびんに、蟻の巣を、なるべくこわさずにすくいとって入れた。

蟻は、明るいガラスの面に沿って巣を掘っていく。土を掘っては運びだし、あちこちに散乱した卵を一カ所にまとめていく。毎日毎日変化があった。

ところがタクアンのほうは、毎日観察しても、少しの変化もない。じーっと見ていても、何の変化もないし、カタリとも動かない。（動いたらこわいが）まことに面白味に欠ける連中であった。

一週間経ったら表面に水があがってくるはずなのに、糠の表面は乾いたままだ。

そこで漬物の本に書いてあったとおりに、コップ一杯の誘い水（塩水）を入れることにした。

そのとき余計なことを考えてしまったのである。ときあたかも歳末で、キントンを黄色く染めるためのクチナシの実が、あちこちの店で売られていた。

誘い水を黄色くすれば、タクアンも黄色く染まるにちがいない。

ぼくは、クチナシで黄色い水をつくり、それに塩を入れてタクアン桶に注いだ。たちまちのうちに、糠の表面一センチまで水があがった。

翌日、桶をのぞいて驚いた。水がまっ黒に変色している。糠と塩とクチナシと大根が、なにか化学変化を起こしたらしいのである。

それをひと目見たぼくは、「このことはなかったことにしよう」と思った。

タクアンは漬けなかったことにしたのである。闇に葬って、二度と思い出さないことにしようと思った。

桶にゴミ用の、黒い大きなビニール袋をかぶせ、目につかない所に移動させた。

見ればつらい思いをしなければならない。

ところが夜、寝てからタクアンの夢を見るようになった。

タクアンがぼくを恨んでいる夢である。

黒い大きなビニール袋をかぶったエレファント・マン風のタクアンが、ぼくの胸の上にしっかりと乗っかって胸を圧迫する。夢にはなぜかトリカブトなども関連してきて、タクアンにうなされるつらい夜が続いた。

そういうことがあって、タクアンの

ことは忘れよう忘れようとしているのに、「あのタクアンはどうなった?」と訊かれるつらさ。

人の噂も七十五日、そのうちきっとみんなも忘れてくれる。

年があけて、タクアンのことを忘れるともなく忘れていたのに、

「あのタクアン、もうそろそろいいんじゃないですか」とか、

「タクアン開きパーティーというのをやりましょうよ」

と執拗にタクアン追及の手をゆるめない人々がいて、世間の目は甘くない、と、ぼくはつくづく思った。こうなっては、もはや逃れるすべはない。

深夜、部屋の鍵をしっかり閉め、窓のカーテンを引いて、ぼくは黒いビニール袋をかぶったタクアン桶をテーブルの上に置いた。

なんだか隠しておいた死体を取り出したような心境であった。

「こらえてつかあさい」

そう呼びかけてから袋を取った。

重石の周辺の、イカのスミのような水は相変わらずだ。よく見ると、黒というよりナス紺色である。

重石を取り、フタを取り、とりあえずまっ黒い水を捨てる。

表面の糠と大根の葉っぱを取り除いてみると、なんということか、ほんの一センチ下は糠の色のままだ。黒いのは表面だけだったのである。プーンと、漬物のいい匂い。急いで、その下に埋まったタクアンを掘り出してみる。糠にまみれた、まぎれもないタクアンである。

マジックで書いたローマ字が、そのまま消えずにはっきりと残っている。

おお、これは、一番体格のよかったB君だ。懐かしいB君。無事でよかったB君。すまなかったB君。

そしてその下にはF君が、糠にまみれて横たわっている。

「みんな元気だったか。先生は君たちのことを一日だって忘れたことはなかったぞ」と、「なかったことにした」ことなどおくびにも出さず、一人、また一人と助け起こしていく。

とりあえず、一番体格のいいB君を洗ってやり、包丁でまん中のところを切って食べてみる。

色と香りはまあまあだが、まだ少し糠くさく、

塩気がなじんでない感じがあり、タクアンとしての風味にとぼしい。皮がかなり硬く、二日も干したのは干し過ぎだったようだ。いずれにしてもまだ一カ月で、これからおいしくなるのかもしれない。

B君以外を全員きちんと埋めなおした。

これからきっと、みんな立派なタクアンになってくれるにちがいない。

彼らの今後の動きを、注意深く見守っていきたいと思う。(動きはしないけどね)

嗚呼！タクアン大パーティー

とうとうというか、やっぱりというか、〝タクアン開きパーティー〟というのをやってしまった。

海開き、山開き、プール開き、鏡開き、鯵の開きなど、世の中には様々な〝開き〟があるが、〝タクアン開き〟なるものはこれまで聞いたことがない。

海開き、山開きなどはそれぞれ伝統もあり、式次第も定着している。式には大体、神主が登場するようだ。

タクアン開きには伝統がない。

どのような式次第でとり行ったらよいのか。

パーティーの出席者は、「週刊朝日」のイケベ大記者およびスズキ小記者の関係各位、ならびに無関係各位の面々十一名が予定されている。

しめやかにテープカットを挙行するイケベ記者

パーティー会場は、西荻窪のわが仕事場の六畳のダイニングキッチン。

とりあえず発起人数名が集まって、タクパー（タクアンパーティーの略）準備委員会を開催することになった。

「神主はどうします」

「ぜひ呼びたいね」

「会場の周辺にシメナワを張って、厳かにノリトをあげてもらう」

「高御座《たかみくら》の建設というのは？」

「そこまではちょっと」

「テープカットはどうです」

「それいただきましょ。タクアン桶にリボンを結んでハサミで切る」

「その役は、ぜひイケベ記者に」

「司会者が要りますね」

「総合司会、松平定知。でもって出席者を白組紅組に分けて」

「あのォ、祝電の披露というのは?」

「『はるか南の空より、タクアンパーティーの成功を祈る。南極観測隊一同』」

「『タクアン嫌いな奴はぶっ殺してやる。アントニオ猪木』」

「『もっとはじっこまで食べなさいよ。美川憲一』」

「あのね、真面目にお願いしますよ」

これまで出てきた案の中で、実際に使えそうなのはテープカットだけだ。

真面目にいこう。

一同見守る中をテープカット。テープがハラリと落ちる。一同拍手。

とりあえずここまでは決まった。

「次にやることといったら、やはり一本つまみ出して洗って、包丁でタクアンカット。

といったとこじゃないすか」

「そのタクアンカットだけどね。カットは祝いの席には不吉だから、タクアン入刀、
と、こうしたらどうですか」

「あのね、真面目にお願いしますよ」

「そのあとは、まあ、一同タクアンをポリポリと食べる」

「本日はどうも御苦労さまでした」

「いくらなんでもそれだけじゃあ」

「音楽を流しますか」

「交響詩『タクアンよ永遠なれ』」

「東京農大有志によるタクアン踊り」

「全国タクアンおたく投稿の、タクアン生写真の展示」

「ほんとに真面目にお願いしますよ」

タクアンだけではどうしても間がもたない。パーティーの主役があまりにも貧相に過ぎる。どうしても介添人が必要だ。ゴハンも登場させることにした。

「じゃあ、せめておいしいゴハンにしましょう。いいお米を炊いた熱いゴハン」

「タクアンでゴハンを食べて」

「本日は御苦労さまでした」

「どうもまずいなあ」

「タクアンシンポジウムの開催というのはどうですか」

「おっ、いいじゃないですか。タクアンでゴハンは前座で、本題はそっち」

「テーマは『いまなぜタクアンか』」

「うーん、いいなあ」

「タクアンて、なんかこう、衰微しつつある勢力、という気がしませんか」

「する。昔は漬物といえばタクアンだった。漬物代表だった」

「やっぱり、クサイ、ダサイ、ムサイの三サイがいけないのかなあ」

「品質の論議というのが、あまりありませんね、タクアンには」

「デラックス、というのもない」

「タクアン大吟醸、というのはどうです」

「糠《ぬか》はコシヒカリの糠で、コシヒカリを四割までみがいて糠を作りました」

「重石《おもし》には碁石に使う、那智の黒石の五キロものを使いました」

「ネーミングも大事だね」

「大吟タクアン、89年産、練馬もの、『しなび』」

「あのね、真面目にお願いしますよ」

たしかにそうだ。ビールでも日本酒でも超特選ものを作りだすことによって市場が活性化した。

「『タクアンの日』の制定というのは」

「いいですね。『セント・タクアンデー』」

「この日には、恋人同士が、思い思いのタクアンを交換する」

「義理タク、本命タク」

「でもって、ホワイトデーには福神漬のお返し」

「それを機に、一気にタクアン評論家が輩出する」

「世の中に、こんなにたくさんのタクアン評論家がいたのか」

「いままで何でメシを食ってたんだ?」

「もちろんタクアンです」

「真面目にお願いしますよ」準備委員会は大いに盛りあがった。

このぶんでいくと、パーティー当日の盛りあがりは大変なものになるにちがいない。

パーティーの喧噪は、あたり一帯にこだまするにちがいない。

西荻窪駅前派出所に、清酒の二本も届けて、事前に了解をとっておく必要があるかもしれない。

そういった期待と論議の積み重ねののち、二月の十五日、夕刻六時より、ついに本当に〝タクアン開きパーティー〟が開催されたのであった。

出席者は、当初の予定をはるかに下まわって四名であった。

パーティーは、厳かに、というより、しめやかに開始された。

一応、テープカットなどもとり行ったが、拍手はわき起こらなかった。

会場は終始静かで、ただタクアンをポリポリと嚙む音だけが響きわたるのであった。

タクアンの出来は上々だった。

いくぶん硬めだが、昔懐かしい田舎タクアンの味と香りだった。だが出席者の反響は、「決して売ってない味ですよね」というものだけであった。


続いてシンポジウムに移ったが、タクアンそのものの論議より、「ボクは冗談のつもりだったのに」とか「ショージさんが真に受けるとは思わなかった」といったような愚痴ばかりが、あちこちから聞こえてくるのであった。

ぬかみそおじさん

ぬかみそ漬けをしてみようと思った。

全くの初体験である。

これまで、タクアンに挑戦して一応成功し、そのあと白菜漬けに挑戦してこれは見事に成功し、人にもあげてとても喜ばれたりした。

余勢を駆ってというか、破竹の勢いというか、漬物街道快進撃というか、ぬかみそ何するものぞ、という心の高ぶりを押さえることができない。

もしこれに成功すれば、タクアン、白菜漬け、ぬかみそ漬けの三階級を制覇したことになり、漬物三冠王おじさんとして、日本漬物協会から表彰されることにならないともかぎらない。

それに、最近の、デパートやスーパーなどで売っているぬかみそ漬けのまずさはどうだ。
あれは、ぬかみそ漬けではなく、塩漬け野菜のぬかまぶしとでも言うべきものだ。
そんなわけで、ぬかみそ漬けたし、の一念は日ましに募るばかりであった。

まず、ぬかを一キロ買ってきた。
ぬか一キロに塩二百グラム。これに対し水が八百cc。
基本的には、これを混ぜあわせるだけでぬか床となる。
ぬかは、生ぬかと炒りぬかがあるが、発酵を早めるには生のほうがいいという。
ぬかと塩と水を混ぜあわせ、食パンを四枚ちぎって混ぜる。
ビールも少量入れる。いずれも発酵を促すためだ。
これに、捨て漬けといって、カブの

葉、キャベツの外側の葉などの、水の出やすい材料を入れて野菜の水分を出させて二、三日おく。

それから本格的に漬け始めるらしいが、いきなりキュウリやら大根やらを漬けこんだ。

朝漬けて、夕方食べてみると、まだぬか臭いし塩気もそのままだがけっこういける。

ぬかみその風味を高めるものとして、いろんなものがある。

昆布がいいというので、昆布を入れた。

煮干しもいい、プレーンヨーグルトもいいというのでそれも与えた。

カツオ節の削り残りの小片、干ししいたけ、唐がらし、酒なども与えた。

欲しがるものは何でも買い与えた。

言うことは何でも聞いてあげた。

トシとってから出来た子はかわいいというが、トシとってからつくったぬかみそもかわいい。

あれがいいと聞けばすぐに買い与え、あれが欲しいと言えばすぐに取りよせた。

「とにかく病気をせずにスクスク育っておくれ」という心境だった。

二日目に表面に水が少し浮くと、「そら水が出た」「それ、ぬかを足せ」「スルメ欲しくないか」「煮干しはどうだ」と、蝶よ花よぬかみそよと、なめるようにかわいがった。

中年過ぎの女狂いはタチが悪い、とよく言われるが、中年過ぎのぬかみそ狂いはまことにタチがいい。誰にも迷惑をかけない。

こうした過保護、溺愛にもかかわらず、ぬかみそは、カゼもひかず、大病もせず、グレもせず、スクスクと健康に育っていった。

一週間め。ぬかみそらしい香りがしてくる。

こうなると、いろんなものを漬けてみたくなる。

これは一種の魔法の壺である。

この中に生野菜を入れておくと、数時間でぬかみそ漬けというものに変身する。

しかも、ぬかのビタミンB_1が野菜に移行して、生野菜の三倍から十倍のB_1になるという。

まずキュウリを入れた。

キュウリは大体四時間で漬かる。

シロウリは丸ごとだと十二時間。半分に切って漬けると三時間。

大根は半分に切って五時間。丸ごとで十二時間。ナス一日。アスパラ五時間。

朝、いっせいに漬けこんで、さて、それからが大変なことになった。

ぬかみそのことで頭が一杯になった。

仕事をしていても、二時ごろになると、「キュウリそろそろ出さなくちゃ」「半切りのシロウリも、もうすぐだな」「アスパラは、あと一時間か」と、気が気ではない。

ぬかみそが気になって仕事どころではない。

アスパラが意外にうまい。生のまま突っこんだだけなのだが、アスパラがぬかの味を取り入れてパキパキしてうまい。

これに味をしめて、いろんなものを入れてみた。

カイワレ、ウド、ラッキョウ、いま出盛りのプラム（なるべく青いの）、トマト、ゆで筍、カマボコ。

カイワレがいける（ガーゼで包むとよい）。ウド、ラッキョウもいける。

プラムは、おいしいと言い切るには問題があるが、まずいと言い切るのも問題があるという味である。

カマボコは、こういうものをぬかみそに漬けてみようと思った自分が情けないという味である。

ゆで筍は、一口食べて、そっとポリバケツに捨てた。

トマトは、もっとまっ青だったらきっとおいしいだろうな、という味である。

いまのところ、ぬか漬けのベストファイブは、キュウリ、シロウリ、ピーマン、アスパラ、カイワレという順序になるようだ。

ナスが意外にむずかしく、なかなかおいしく漬からない。

ぬかみそは、一日一回すみずみまでかき回す。これだけは守らなければならない。手がいくらかぬかみそ臭くなるが、いいんだ、どうせ、もう、ぬかみそおじさんで。

ま、それはいいのだが、漬けてみて初めてわかったのだが、ぬかみそは一度漬け始めると休むことができない。

漬け始めると、どんどんキュウリやら大根やらのぬか漬けが出来あがる。

どんどんぬか漬けが出来あがって山のようになる。

とても一人では食べきれない。
うちに来る編集者に、あげると言うと、
「あの、また、こんどのときに」と気弱く笑って受けとってくれない。
ついに冷蔵庫はぬか漬けで一杯になった。
だからといって、ぬか床を遊ばせておくわけにはいかないから、スーパーに行って
材料を買ってきてどんどん漬けこむと、どんどんぬか漬けが出来てしまう。
この先どうなるのかと思うと、気が狂いそうになる。

3章 素材のあじわい編

煮っころがしの夜

料理の本をパラパラとめくっていたら里芋の煮っころがしに出会った。

「オッ、煮っころがし」と、そこでめくる手が止まった。

小鉢にこんもり六個、大小さまざま、形さまざま。

色は飴色。肌つやつやつや。

ネバーっとしとって、ネチーっとしとって、旨そう。

こんもりの一番上のやつを、こう箸で挟んでつまみあげようとすると、ヌルーっとすべって落っこちるんだよね、そこで今度はかなり慎重に挟んで持ちあげるんだけどまたヌルーっとすべり落ちるんだよね、そこで今度は方針を変えて突き刺し作戦に出るんだよね、目標の芋を決めて、そいつのどまん中のところに狙いを定めて、エイッとばかりに突き刺し、やれやれなんて思っていると、箸が細い塗り箸だったりするとまたしてもヌルッと落っこちるんだよね、などと食い入るように見つめているうちに猛烈に里芋の煮っころがしが食べたくなってきた。

里芋の煮っころがしはどこへ行けば食べられるのか。

コンニャクが猛烈に食べたくなった場合は（そういう場合はあまり考えられないが）おでん屋に行けばいい。

いろいろ考えたが、結局、自分で作って食べるのが一番手っとり早い。

自分で作るといっても、これまで一度も挑戦したことがないし、それに相当な技術を必要とする料理のような気がする。

とりあえずスーパーに行って泥つきの里芋を買ってくる。

ビニール袋に七個入っていて二九八円。

料理の本を広げて煮っころがしのところを見る。

この本では「煮っころがし」ではなく「煮ころがし」になっている。「まず皮を剝く」とある。

一つ袋から取り出す。

土がついている。
「あ、土だ」
とヘンなところに感動する。
湿った土の感触。湿った土の匂い。
都会の生活では、土は里芋を介して接触することになる。
里芋にはモジャモジャしたヒゲみたいなものが湿った土といっしょにからまってい
て、いかにも土の中にうずくまっていました、土の中でじーっと動かずにいました、
というイメージがある。
同じ土仲間のじゃが芋やさつま芋には、
「いや、われわれはときどきモゾモゾって動いたりするよ」
と言いそうな気配があるが、里芋はあくまで不動、寡黙、隠然。
丸いの、細長いの、ラッキョウ形と、一つ一つ形に個性がある。
七つ剝き終わってまた料理本を見る。
初めての料理は〝その都度読み〟に限る。
そのほうが(ほう、今度はこういうことをするのか)という新鮮味がある。
「水から煮る」とある。

昆布を入れて煮る。二十分ぐらい煮る。竹串を刺してみる。煮えてる。
「砂糖と味醂を入れて五、六分煮る」
「醬油を入れてさらに煮る」

コツコツと揺れながら、鍋の中の里芋たちに少しずつ色がついてくる。だんだん煮つまってきて煮汁が少なくなってきたら、鍋をゆすって芋たちをころがしては煮汁をすくって上からかけてやる。

この〝煮汁をすくって一人ずつにかけてやる〟というところがこの料理の印象深いところだ。

かけてやっているうちに、一人一人に愛情がわいてくる。

一人一人に思い出がある。

この子は剝くとき手がすべって指を

切りそうになったんだよね、この子はお尻のところがちょっと傷んでいて、そこのところをけずりとってやったんだよね……。

だんだん生徒七人の分教場の先生のような心境になっていく。

みんないい味になってほしい。

みんな良い子に育つんだよ。

善導、などという言葉がふと頭に浮かぶ。

しかし、と考える。

一つの集団を全員一つの方向に染めあげてしまうのはいかがなものか。

一人一人の個性を大事にするという方向もあるのだ。

個性を許さないというやり方は社会をゆがめることになるのではないか。

一人一人に煮汁をかけてやりながら、また、しかし、と考える。

このやり方で一人一人に個性を発揮させることができるのだろうか。

時間をかけて煮る煮物料理にはこういう良さがある。

鍋の中で煮えているものをじっと見つめているひととき。

鍋の中の芋たちをころがしながらふける思索。

里芋の煮っころがしは、まさに物思う秋にぴったりの煮物ではないか。

などと深い思索にふけっているうちに、煮汁はどんどん少なくなっていってトロトロになる。

醤油と砂糖と昆布の煮物のいい匂いが秋の台所にたちこめる。

ついに煮汁がなくなって料理完了。

時間はかかったが思ったより簡単な料理だった。

一人一人に煮汁をかけてやるというところが特によかった。

七個、という数もよかった。

もし三十個だったりしたら大忙しで、思索にふけるどころではなかったと思う。

　味のほうも初めてにしてはとてもおいしく、有意義な秋の夜だったとしみじみ思ったことでした。

目玉焼き、匂う

仕事場のマンションの廊下を歩いていたら目玉焼きの匂いがしてきた。

いーい匂い。目玉焼きってこんなにいい匂いだったっけ。

一軒のドアの左上の換気扇のところから匂いが降りてくる。

いまちょうどキッチンで焼いているところ。

フライパンの上でバターが焦げる匂い。卵の白身の蛋白質に熱が加わりつつある匂い。フチのところがチリチリ焼けて縮んでいく匂い。

一つ一つの動作が匂ってくる。

段階を踏んで匂ってくる。

いま、フチのペラペラしたところが油ではねてよじれたところ。

まん中の黄身のすぐ横の白身がプクプクふくらんだところ。

周辺一帯に蟹の泡みたいのができつつあるところ。
あ、立ちどまってちゃいけないな。
料理の匂いには派手な匂いと地味な匂いがある。

カレーライスは派手な匂い。目玉焼きは地味な匂い。地味で目立たないが実力者の匂い。

でも、ちょっと匂ってきただけで、(これは目玉焼きの匂いである)と、なぜすぐにわかったのか。

〝一目でわかる〟という言い方があるが〝一匂いでわかった〟のだ。

われわれはふだん、目玉焼きの匂いに特に注目することはない。

目玉焼きを作りながら、目玉焼きを食べながら、

(目玉焼きっていい匂いだな)

と思いつつも、そのことに気づかないでいたせいではないか。

目玉焼きは、その形が魅力的なので、そっちにばかり目がいって匂いのほうに関心が向かなかったせいかもしれない。

〝目に留める〟という言い方があるが、これからは〝鼻に留める〟ことにしよう。

目玉焼きは、誰かが作ったのがいきなり目の前に出てくるより、自分で作って食べるほうがはるかにおいしい。

フライパンを熱する。

バターをひく。

卵をポンと割って熱いフライパンの上に落とす。

ジュッ。

この、ジュッ、がいい。

何ともいえずいい。

黙々と作業をしていて突然のジュッ。

このジュッでやる気が出る。

双方のやる気が出る。双方というのは、自分と卵のことです。

卵のほうのやる気は見ていればわかる。

けっこう活発なんですね、卵の動きは。
卵はジュッと言ったあと、
「このあとどうするんだっけ」
というふうにちょっとだけ戸惑い、そのあと急に勝手な動きを始める。
自分勝手にあちこちに向かおうとする。
白身のハジのところが、こっちの意に反した方向に向かい始める。

そっちの方向に向かって欲しくないな、と思っている方向に向かう。
ジュッのあとの一瞬の戸惑いは、あれは指示待ちだったんですね。
何の指示もないから、そうか、勝手に動いていいんだな、と思って動き始めた。
と、ここまでは卵側の動き。
自分はどうか。こっちは卵側の動きにどう対応すればいいのか。
これがまた何の方針もないんですね、こっちには。

何の考えも方針もなく、卵をフライパンに落としただけ。

だから卵側の動きにとりあえずあわてる。

あわてることしか考えつかない。

誰でもそうだと思うが、料理をスタートするときは、これからのおおよその手順が頭の中にあるものだが、目玉焼きに限ってなーんにも考えてないんですね。

なーんにも考えないで卵を割り、なーんにも考えないでフライパンの上に落とす。

落としてからあわてる。

ちゃんとあわてる。

指示を与える余裕などない。

その場その場の緊急の処置をしているだけ。

「そっち行っちゃダメ」

とか、

「そこんとこめくれちゃダメ」

と、めくれないように箸で押さえるのにめくれる。

むずかる卵の面倒をみている、というか、保護、保育をしているというか、だんだんそういう気持ちになっていく。

焼きあがったときの理想の形は頭の中にある。

まん丸の白身の中央にまん丸の黄身。

日の丸の旗の四角を丸にし、まん中の赤丸を黄丸にしたやつ（何もムリして日の丸の旗をもってこなくてもよかったような気もするが）。

だが焼きあがった目玉焼きは、どこの国の国旗にも似ていない。

周辺ぐじゃぐじゃ。まん中の黄身よろよろ。

ま、こんなもんだろ、と思いつつ火を止め、皿の上にすべらせる。

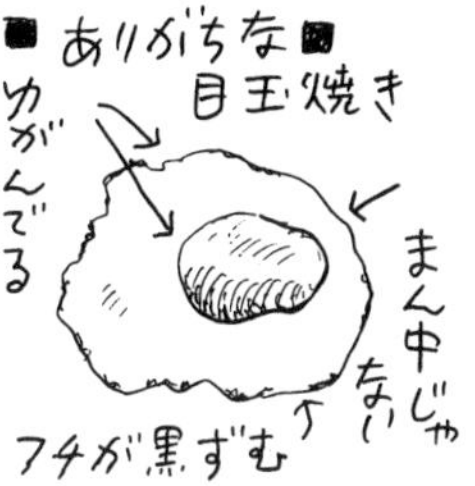
■ありがちな■
目玉焼き
ゆがんでる
まん中じゃない
フチが黒ずむ

テーブルの上に置く。

不細工ながら、皿の上で湯気をあげている。

ナイフとフォークを手にして目玉焼きと向き合う。つくづく見る。

そのときしみじみ思うことは、

「あれこれ面倒みたな」

という思いと、

「苦労を共にしたな」

という思いである。
この思いが目玉焼きをおいしくさせる。

銀杏は復讐する

銀杏は孤独である。

銀杏は秋の味覚を代表するものの一つである。

同じ代表の栗を見たまえ。

栗は一つの殻に三つ入っている場合が多い。

三つ、ひしと抱き合って、まあ、君たちは、そんなふうに抱き合ったりして、ほんとに、もう、なんて、なぜかこっちが顔を赤らめてうつむいてしまうような抱き合い方をしている。

銀杏は一つの殻に一つの実。

殻を剝かれて引きずり出されてもたった一人。

ぽつんとひとつ。孤影悄然。

銀杏は茶碗蒸しにも一つだけ入っている。

丸くて薄緑色の銀杏を茶碗蒸しの中に発見する。

そのときの気持ちは、

「わあ、嬉しい！」

というものではない。

「そうか、居てくれたか」

というものでもない。

銀杏と遭遇したときの気持ちは常に淡々。

銀杏は、食べてそんなに味の深いものではない。

歯と歯の間でグミのような感触でグニュとゆがんでつぶれ、その瞬間木の実特有の青くさいような匂いがし、そしてほんの少しの甘みとえぐみ。

深く味わおうとするわけでもなく、ふーん、なんてつぶやいてそれでおしまい。

もう一個食べたい、と、あとを引くものでもない。

そうなんだよね、銀杏てそういうものなんだよね、などと深く頷いているそこのあなた、考えが甘い。

銀杏は孤独ではない。

吹き寄せという料理がありますね。

幾種類もの煮物や揚げ物を色とりどりに籠などに盛り合わせた料理。

この盛り合わせの中によく見かけるのが、銀杏を松葉に刺した〝松葉刺し〟と称するもの。

この場合は銀杏が三つ松葉に刺してある。

一つじゃ寂しいし三つないと形にならない。

食べるほうも三つ刺さったものを手に取って眺め、

「この場合は三粒は欲しいんだよね」

と思う。

そう思って三粒のうち二粒までは嬉しく食べるのだが、三粒目になるとちょっとした迷惑感がわいてきて、もう一粒食べなきゃいかんのか、と、ぶつぶつ言い始める。

銀杏は多くても三粒まで。

それ以上は迷惑。

そうなんだよね、銀杏てそういうものなんだよね、なんて言って深く頷いているそこのあなた、考えが甘い。

秋になると居酒屋では〝銀杏の塩炒り〟が出てくる。

この〝塩炒り〟の場合は三粒以上。

器に八粒とか十粒とか入っている。

もし三粒だと、客は、

「ケチ」

とつぶやき、

「五粒以上食いたいんだよ」

と怒る。

茶碗蒸しのときは一粒で充分、それ以上は迷惑、とまで言ったのに、松葉刺しのときは、三粒じゃないとな、と言い、塩炒りだと、十粒食わせろ、と言う。

そう言われるほうの銀杏の苦衷はいかばかりか。

一体どうすりゃいいんだ、おまえらいいかげんにせーよ、と怒り心頭に発しているにちがいない。

人間不信。

これが銀杏側の公式見解である。

隠忍自重、耐えがたきを耐え、忍びがたきを忍んできた銀杏が、ついに怒りを爆発させるときがくる。

いま、ちょうど銀杏のシーズンで、スーパーでも袋入りのものを売っている。袋に「初物」の文字。

料理などしたことのないおとうさんが、ふとスーパーでこれを目にし、「秋だし、日本酒に合うし」と取り上げ「初物」のところに深く心を打たれて買って帰る。

秋の夜、満を持したおとうさんはフライパンに銀杏をザーッとあける。

全部で二十六粒。

ガスに火をつける。

フライパンの中の銀杏たちは、一分たってもピクリとも動かない。

二分たっても動かない。

白くて丸い皮のところどころに、点々と黒い焦げ目がついてきたのにピクリとも動かない。

これなら安心
バッチーン
バチーン
バチバチーン
銀杏炒り専用

三分たっても四分たっても動かない。

不安になったおとうさんが、フライパンの中をのぞきこもうとしたそのとき、

「バァーッチーン！」

と音がして、一粒がロケット花火のような勢いで飛び出し、「ウワッ」と驚いて身を引くまもあらばこそ、次から次へバァーッチーン、バァーッチーンと、右に左に連続弾が炸裂しておとうさんは腰を抜かすことになる。

腰を抜かしたおとうさんが、ようやく立ち上がったときには、台所中に銀杏が飛び散っている。

遺恨十年、積年の大怨の爆発力はかくも激烈なものなのだ。

もし一粒でもおとうさんの顔面に当たったら、深夜の住宅街にピーポーが鳴り響くことになったはずだ。

銀杏の大怨はこれで晴れたわけではない。

第二弾まで用意されているのだ。

一度熱くなった銀杏は五分たっても炭火のように熱い。

そんなことを知らないおとうさんは、床に転がっている一粒をつまみあげ、深夜の台所に悲鳴が響きわたることになるのだ。

勇気をもって厚く切る塩鮭

塩鮭は哀れである。

というのは、ぼくの塩鮭に対する永年にわたる認識なのであります。

塩鮭をジッと見ていると、なんだか哀れで涙が滲《にじ》んでくる。

なぜ哀れか、ということはおいおい申し述べるとして、歳末は塩鮭のシーズンなのですね。

歳末になると、塩鮭が町のあちこちに出没する。

塩鮭というものは、もともと一年中出まわっているものなのだが、歳末に限って全身像で出没する。ふだんは切り身という形で世間とつきあっているのだが、歳末に限ってどういうわけか、装いも新たに全身つながった形で現れる。

「ふだんは切り身で失礼していますが、わたくしは本来こういうものなのです」

と、全身をつなげてご挨拶に現れる。

魚屋の店頭、スーパーの棚、デパートのお歳暮用品売り場に現れる。ご家庭の台所などにも、クロネコヤマトの宅急便のお世話になって現れる。

お歳暮として配達された塩鮭の箱は、お父さんの帰宅を待って開封されることになる。夕刻帰宅したお父さんは、「どれどれ」などと言って上着を脱ぎ、腕まくりして箱をうやうやしく開ける。

塩鮭は、大きい場合もあれば小さい場合もある。お父さんの社会的な実力に応じた大きさの鮭である。お父さんの社会的な実力が、鮭の身長となって家庭の前に披露されるわけだ。お父さんは、その鮭をしばらくジッと見つめたあと、

「ま、こんなものだな。メシ、メシ」
と、つぶやいて、鮭開封の儀は終了する。この「ま、こんなものだな」には、お父さんの自負と自嘲がないまぜになっているはずだ。（もう少し大きいはずだ）という自負もあろう。（この程度の大きさか）という自嘲もある。だから家族は、鮭の身長について、軽はずみな感

不幸があったシャケ

想を述べてはならぬ。

さて、その鮭であるが、塩鮭の形になった鮭というものは、実に哀れな感じがするものなのですね。

塩鮭をじっくり見つめてみよう。

暗く落ちくぼんで悲しみをたたえたような目。恨みごとをつぶやいているように軽く開かれた口。憤懣やるかたないといったふうに突き出された下くちびる。依怙地《いこじ》そうに張っているエラ。陰険そうに突っ張った鼻柱。そして全身に漂う孤独感。

見ているうちに、なにかこう、暗い気持ちになっていくのを押しとどめることができない。

じっと見つめていると、その身の上になにか不幸があったとしか思えないのだ。

釣りあげられて塩づけにされたのだから、「不幸があった」のは当然ではないかと人は言うかもしれない。不幸がなければ、いまごろは大海をゆうゆうと泳ぎまわっているはずだ。

しかし、たとえば鯛なんかは、同じ釣りあげられた不幸を背負いながらも、魚屋の店頭で満足そうに横たわっているではないか。その姿は、なんの不満もないように見える。目元も優しく微笑《ほほえ》んでいるし、全身が幸福感に包まれている。塩鮭の孤独感などどこにも見当たらない。

鮭は生まれた場所に戻ってくる性質があるという。しかしよく考えてみれば、生まれた場所に戻らなければならない事情などありはしないのだ。他の魚を見よ。生まれた場所がどこであったかなど、だれ一人として考えたこともないのではないか。鮭のこうした堅苦しい考え方、生き方が、不幸を呼ぶ原因になっているのではないだろうか。

鮭の身の上の詮索はこれぐらいにして、クロネコヤマトの宅急便でご家庭に配達された塩鮭に話を戻そう。

ほとんどの家庭が、その処置に困っているのではないだろうか。

たいていの家庭のお父さんもお母さんも、魚をおろすことができないはずだ。

「出入りの魚屋に持って行ってもらっておろしてもらいなさい」

と、お父さんはエラソーに言うかもしれないが、いまどき、出入りの魚屋を持つ家庭などどこにもない。お父さんもお母さんも困り果てているに違いない。

しかしここによい方法がある。

某魚屋さんから伝授された、塩鮭簡易解体法を、本日はお日柄もよろしいので紹介することにいたしましょう。

まず鮭一匹を、処理しやすいように軽く冷凍する。鮭は他の魚に比べて身が軟らかいので、ヘタに切ったりすると身がグズグズにくずれる。それを防ぐために冷凍するのだ。

「うちの冷凍庫は、鮭一匹を入れるほど大きくない」

と、お父さんは言うかもしれない。

そのために、鮭は適当な大きさに切断する。

「適当な大きさでは困る。ちゃんと何センチ何ミリぐらい、と言ってくれなくては困るじゃないか」

と、お父さんは言うかもしれない。

そうですね。大きさにもよるが、ま、全身を四等分ぐらいというところだろうか。

このぐらいが、あとの作業がやりやすい。これならなんなく冷凍庫に入る。

だいたい三、四時間ぐらいで鮭は軽く凍るはずだ。

「三、四時間などと、あいまいでは困る。ちゃんと何時間何分と言ってくれなくては困るじゃないか」

と、お父さんは言うかもしれない。（それにしてもこのお父さんは、さっきから少しウルサイな）

三、四時間経って軽く凍った鮭を、図のように身と骨とに切り分ける。こうすれば、おろしたのと同じことになるのである。
凍らせないでこれをやると、身がくずれてなかなかむずかしいことになる。

このあとは、どのくらいの厚さの切り身にするかだけが問題となる。

問題は厚さである。厚さは重要である。厚さは、人をわけもなく感動させる。ステーキにしろ、札束にしろ、ただ厚いというだけで人々は目頭を熱くして感動する。鮭の切り身の場合は感動だけではなく、厚さは味にも影響する。

だいたい最近の魚屋に並んでいる魚の切り身は、ブリにしろカジキマグロにしろ薄すぎるようだ。

薄い切り身は、まわりも中心も均等に火が通ってしまっておいしくない。

ある程度の厚みがあれば、まわりのコンがり、中心ジュースたっぷりのおいしい焼きあがりになる。

せっかくの機会であるからこの際、うんと厚めに切ることをお勧めする。

シャケの厚さに目をうるませるおばあさん

こういうものは、ともすれば薄く切りがちだが、この際勇気をもって厚さに挑んで欲しい。厚さ四センチ、もっと勇気のある人は四・五センチ、このぐらいだとすばらしい焼きあがりを期待できる。
こうして焼いた塩鮭は、それこそ一枚一枚身がはがれる感じになる。
これを箸《はし》の先で突きくずし、熱いゴハンでハフハフと食べ、暮れの大掃除にとりかかってください。

ビーフンと日本人

こういうことってありませんか。

朝、歯をみがいているときなどに、不意にあるメロディーが頭の中に浮かんできて、そのあと、しつこく、しつこくそのメロディーがくり返される。

全く突然、〽吹〜け〜ば飛ぶよ〜な将棋の〜コマに〜、とか、〽ヨコハマー、タソガレー、とか、それまで頭の中で考えていたこととは無関係にメロディーが流れ始める。

歯をみがいている当人に何の相談もなく、脳が勝手に歌を歌い始める。

ぼくにはしょっちゅうそういうことがあって、ついこのあいだは、ケンミンノ〜ヤキビーフンだった。

朝、テーブルでミカンを剝《む》いていたら、突然、ケンミンノ〜ヤキビーフンが始まった。

　ミカンを剥きつつも、ケンミンノ～ヤキビーフンが頭の中で何回も何回もくり返されている。

　ケンミンノ～ヤキビーフンには不思議なリズムがあって、何十回かくり返しているうちに、フとミカンをテーブルに置き、ケンミンノ～ヤキビーフン、と立ちあがり、ケンミンノ～ヤキビーフン、と歩き出し、ケンミンノ～ヤキビーフン、ア、ソレ、と、両手が盆踊りの手つきになっていくのだった。

　そういえば焼きビーフンてどんなものだっけ？

　焼きそばみたいだがそばじゃない、ア、ソレ、ビーフンだから米の麺、ア、ドッコイ、と、テーブルを一周し、食ってみたいな焼きビーフン、と、玄関に至り、ケンミ

ンノ〜ヤキビーフン、と外に出、ケンミンノ〜ヤキビーフン、ア、ソレ、と行きつけのスーパーに向かうのだった。

焼きビーフンを最後に食べたのは何年ぐらい前だっけ。

いつ、どこで、どういう状態のものを食べたのか記憶にない。

とにもかくにもスーパーの麵のコーナーに向かう。

ありました、焼きビーフンではなく、乾麵の状態のもので、ケンミンではなく台湾からの輸入物。一袋三人前、一五〇グラム。

袋のうしろに焼きビーフンの調理法が書いてある。

まずビーフンをお湯に3〜5分つけておいて水を切る。具は豚肉、キャベツ、ニラ、人参、椎茸《しいたけ》などで、これらを細く切って油で炒める。

両者を一緒にしてスープ二カップを入れてフタをして3〜5分ほど蒸し煮にする。

味つけは、塩、醬油、オイスターソースなど適宜。

スーパーから帰ってきたころには、ア、ソレ症候群はすっかり治まっていて、きわめて冷静に、手順よく焼きビーフンができあがる。

いーい匂い。

見かけはまさに焼きそば。ニラの緑とニンジンの赤が鮮やかだ。

箸ですくって一口。
すすりこもうとすると、麺なのにズルズルとすすりこめない。
ビーフンたちが抵抗の姿勢を示すのである。
それでも強引にすすりこもうとすると、更に抵抗する。
明らかにすすりこまれるのを嫌がっている。
仕方なくスパゲティ風にグルグルとまとめて口に入れると、こんどはモサモサする。
うどん、蕎麦《そば》、そうめん、スパゲティなどの小麦粉系とは明らかに違う口ざわりだ。
モサモサ、そしてちょっとザラザラ。
日本人が麺一般に要求する腰がない。
そこのところにちょっと違和感がある。
じゃあ、まずいのかというと全然まずくない。
というよりとてもおいしい。
突然ではありますが、焼きビーフンはチャーハンなのです。
米を米粒のまま炊いて炒《いた》めたのがチャーハン。
米を粉にし、麺にして油で炒めたのが焼きビーフン。
だから焼きビーフンが旨《うま》くないわけがない。

当然、

「きょうのお昼はチャーハンにしよう」

という人がいるように、

「きょうのお昼は焼きビーフンにしよう」

という人がいても不思議はないのだが、そういう発想の人はまずいない。

それにビーフンを食べさせてくれる店がめったにない。

日本は瑞穂《みずほ》の国と言われ、米がなければ夜も日も明けないはずなのに、ビーフンに関してはなぜか冷たい。

なぜでしょう。

できあがった焼きビーフンを食べながらつくづく考えました。

ビールなんかも飲みながらあれこれ考えました。

あ、ついでに言っときますが焼きビーフンはビールに合います。

焼きビーフンの横にちょっと紅生姜《しょうが》なんか置い

た日にゃ、もうたまらんです。

なぜ日本人はビーフンに冷たいのか。

農業国だった日本人は腰を非常に大切にする。鍬《くわ》をふるって大地を耕すには腰がすわってなければならない。

お相撲さんも腰が大事だ。

辞書をひくと、腰が重い、腰砕け、腰抜け、腰が低い、など腰に関する言葉が非常に多く出てくる。

うどん、蕎麦、そうめん、中華そば、いずれも腰がないと評価されない。ビーフンもうすコシ腰があれば、という人は多いようですよ。

巨大筍のザクザク

「やむにやまれぬ」

というのはあのときの気持ちをいうのだろうか。と同時に、

「引くに引けぬ」

という気持ちにもなった。

「やむにやまれぬ」と「引くに引けぬ」が同時発生すると、人はどういうことになるか。

「あと先を考えない」

ということになっていく。

まったくの話、あのときはあと先のことを考える余裕がなかった。

巨大な筍を見てしまったのである。

まあ食べてみてよ びっくりするほど軟らかいから
緑色
ボツボツがオレンジ色
と言われたとおりザクザク軟らかい筍だった

巨大も巨大、いままで見たこともない大きさの筍が、八百屋の店先に聳《そび》え立っていたのだ。

普通サイズの筍が七、八本、ゴロゴロと横になっている中に、そいつだけ聳え立つように立ててあった。その八百屋のおじさんの、

「ドーダ！」

の気持ちが伝わってくるような立て方だった。

思いきって仕入れたんでしょうね、不安もあったんでしょうね、売れるか売れないか、だけどどうしても仕入れたかったんでしょうね。

筍のごく一般的な大きさは、ま、だいたい直径がトイレットペーパーぐらいで、丈はそれに五センチ足したぐらいというところなのだが、その巨大筍は直径がトイレッ

トペーパーの二倍近い十九センチ、丈は四十一センチ、大人の男の腕の長さほどある。

金縛りにあって動けなくなりました、その筍の前で。

それでもその日は何とかそのまま帰ってきたものの、気になって翌日また見に行きました。

そうしたらまだ売れずに聳え立っていて、それを再びじーっと見つめているうちに、冒頭の「やむにやまれぬ」気持ちになり「引くに引けぬ」気持ちになった。

どうしても自分のものにしたい。

どうしても連れて帰りたい。

どうしても人の手に渡したくない。

千円という値札がついていたので千円払いました。

ビニール袋に入れてくれました。

「ください」と言いました。

連れて帰りました。

実をいうと数年前のさる夏のこと。

ぼくはこの店で巨大西瓜を買っていたのだった。

直径三十一センチ、重さ十四キロという、これまで見たこともない巨大西瓜がこの八百屋で売られていて、それを見ているうちにそのときも「やむにやまれぬ」「引くに引けぬ」気持ちになって買い込み、その重さに途中休み休み、汗だくになって帰ったことがあったのだった。

どうやらぼくは、ケタ違いの大きさのものを見ると「引くに引けぬ症候群」という病気を発病し、そのあと「どうしても連れて帰りたい症候群」というのを併発するらしいのだ。

それにつけてもあの八百屋のおじさんは、ケタ違いのものを見ると、「どうしても仕入れたい症候群」を発病し、「ドーダしたい症候群」を併発する体質の人のようだ。

そういうわけでその巨大筍（五・五キロ）をウンウンいいながら運んで台所にドスンと置いて、ヤレヤレなんていいながら汗を拭いているうちにふと気がついた。

そうだ、この筍は連れて帰ってそれで終わりというものではない。

食べなければいけないものなのだ、ということに気がついたのである。

八百屋でこれを買ったときは、これを食べるという発想がまるでなかったということに改めて気がついた。

そうなんだ、食べなくちゃいけないんだ、ということはこれをとりあえず茹《ゆ》でなければいけないんだ、だけどこんな巨大な筍を茹でる巨大鍋はウチにはないんだ、あと先のことを考えずにこんなものを買ってしまったぼくがいけないんだ、だけど反省してる場合じゃないんだ、そうだ、これを二つに分断して二つの鍋で茹でればいいんだ。

またたく間に思考はめまぐるしく展開し、そうだ、こうなったらこの巨大筍を巨大輪切りにして煮て、巨大輪切り食いというのはどうだ、そうだ、それは豪快だ、それにしよう、と、思考は更にめまぐるしく展開するのであった。

この筍は直径が十九センチであるから、厚さもそれに見合ったものでなければならない。

七センチということになった。

直径十九センチ、厚さ七センチという、日本の筍料理史上初の巨大輪切り筍が、ようやく煮あがっていま直径三十センチの大皿の上で盛んに湯気をあげています。

かつ節と昆布と醤油の匂いと、竹の匂いと、かすかな竹藪の匂いとが入り混じって、だが、しかし、これをどのように食べたらいいのか。

そうだ、ナイフとフォークでステーキ食い、そ

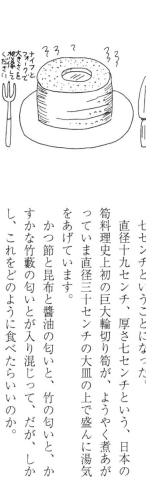

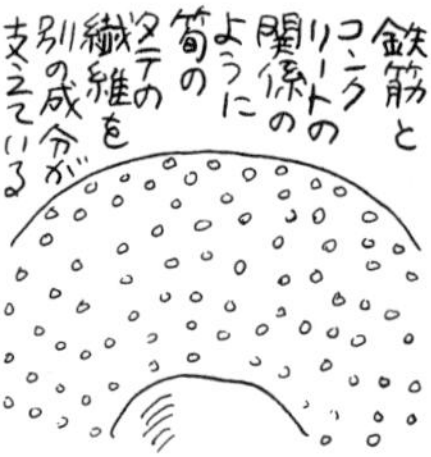
鉄筋と
コンクリートの
関係の
ように
筍の
タテの
繊維を
別の成分が
支えている

れしかない。

それにしても、直径十九センチ、厚さ七センチという輪切りの筍の姿と形、ちゃんと想像してくれましたでしょうか。それはもう大変な壮観なんですよ。

いま切り取りました、一片が七センチほどの四角い固まりになりました。

ではこれを頬ばります。

ザクッ、ザクザクッ、大ザク、小ザク、とにかくザクザク、筍のタテ七センチの柔らかい繊維が、ザクザクとタテにあまりにも脆《もろ》く崩れていく食感。

嚙んでも嚙んでもザクザク。

ザクザクに次ぐザクザク。

筍は小さいのがおいしいとはよく聞く。小さくて引きしまった筍を薄く切って、サクサクと食べるのがおいしいとよくいわれる。

ザクザクがおいしいなんて、ぼくだけでしょうか。

いいえ、誰でも。

タラの芽育児日記

日本列島、いま、木の芽どき。

日本中の山という山の木々がいっせいに芽吹き始めたまさにそのとき、山形県からタラの芽が送られてきた。

なぜ送られてきたかというと、送ってくれと申し込んだからである。

どこへ申し込んだのかというと、山形県の川西町というところの「たら姫生産組合」に申し込んだのである。

なぜ川西町とかいう町を知ったのかというと、ことし（二〇〇六年）の一月末、ある新聞の片隅に次のような記事が載っていたからである。

「春の食卓を彩るタラの芽が自宅で栽培できるキット『たら坊くん』（税込み1000円）が人気となっている」

どういうキットかというと、

「プラスチック容器に水に浸したスポンジが敷かれ、小さな芽のついたタラノキの枝が15～18本植えてある」

このスポンジに毎日水をやり続けると、

「芽は約二週間で生長し、30個近くは食べられるとか。摘みたてだから香りもいい」

ぼくは新潟県の土樽というところで山菜採りをしたことがある。

わらび、ぜんまい、こごみなどは平地に生えているので採りやすいが、とりわけ難物なのがタラの芽だった。

タラの木は斜面や崖地に生えていることが多く、木のところにたどり着くのが大変な上に、一メートルから三メートルと背が高く、ようやくたどり着いたのに芽に手がとどかなかったりして、たった一個のタラの芽を手にするのも容易ではないのだ。

そのタラの芽が、大挙して部屋まで来てくれるというのだ。

さっそく申し込む。

一か月ほどしてゆうパックで到着。

タテ、ヨコそれぞれ15センチほどのプラスチックの容器（たぶんCD収納ケース）に18本のタラの木の小枝がギッシリ詰めこまれていて、その小枝に一つから二つ、薄緑色の小さな芽がついている。

芽は大小様々で、ほんの1センチから3センチぐらいのものまである。

容器の底にはピンクのスポンジが敷いてあって少し濡れている。

ガンバレ
ガンバレ
たら坊くん
!
ミネラル
ウォーター

まさに産地直送。

産地直送というのは、ふつう、産地で穫れたものを直送することをいうのだが、この場合は産地そのものを直送してきたわけだ……が、このピンクのものは地ではなくてスポンジだから、産スポ直送ということになるのかな。

「すぐにフタを開けろ」と書いてあるのですぐにフタを開ける。

それまで密閉されていたたら坊くんたちが、いっせいに大きく口を開けて空気を吸いこんだような気がした。

「すぐに水をやれ」と書いてあるので

すぐに水をやる。

たら坊くんたちが、いっせいに水を吸いこんだような気がした。

箱の中のタラの芽たちがなんだか〝巣の中の雛鳥たち〟のような気がしてきて、自分で産んだわけではないのにだんだんわが子のような気がしてくるのだった。

立派に育ててあげよう、君たちに英才教育を施《ほどこ》してあげよう、そうだ、水だってただの水ではなくミネラルウォーターで育てよう。

だが、まてよ。

山菜というのは、山という字を当てているわけだから、山の中で育ってこそ山菜なのではないか。

暖房のよく効いた部屋の中で、ミネラルウォーターを吸ってヌクヌクと育つお坊ちゃまくんのたら坊くんでいいのだろうか。

だが、まてよ。

山形県あたりのタラの芽は、もともと山に降る自然の水で育っているはずだ。

自然の水、すなわちミネラルウォーターで育っているわけだ。

そうなってくると、いま自分が施そうとしている教育方針はどういうことになるのだろうか。

父の心は千々に乱れるのであった。

一日せいぜい2ミリ。

たら坊くんたちの生長はその程度である。

少しずつの生長がいとおしい。

タラの芽は、赤ん坊が握った手を少しずつ広げていくように生長する。

少しずつ、少しずつ、握っていた赤ん坊の指が伸びて広がっていく。

いーねー
ノビルの
ヌタ
若いんで
山菜大好き
という人は
あまり
いません

　手塩にかけて育てたい、充分な面倒をみたい、と心の底から思う。

なでたり、さすったりしてやりたい。

声の一つもかけてやりたい。

だが、そうしたことは常人のやることではない。

常人の父は悩むのであった。

二週間後、たら坊くんたちは、一番大きく育ったので7センチ、一番小さいのでも5センチぐらいになった。

赤ん坊の手の平は、すでに少年の手の平となっている。

さあ、ボクらの生長はこれからだ、と、全員がまるで双手《もろて》を挙げているように見える。

「そのぐらいのときが食べ頃です」

と、「育て方」に書いてある。

父は悩むのであった。

悩みつつも、

「やっぱり天ぷらだろうな」

と思うのだった。

「天つゆではなく、やっぱり塩だな」

と、つぶやくのだった。

枝から一つ一つ芽をはずしてコロモをつけて揚げる。

「うん、やっぱりスーパーのものより香りがいいし、元気があってみずみずしいな」

とビールをゴクリと飲むのだった。

箸休め

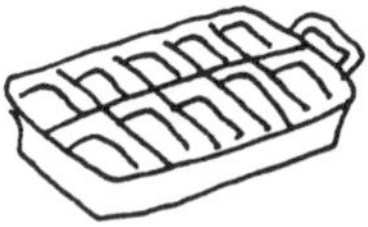

男も料理はするけれど × 冷蔵庫の中

男ひとりの台所 編

男も料理はするけれど

「男子厨房に入るを許さず」

というが、むろん、いまどき厨房に入ったことのない男子などいない。

玄関を入ったところがＤＫ、という構造のマンションの場合は、いちいち、「男子厨房を通過するのだけは許してね」と言い訳しながら通り抜けなければならない。

単身赴任のおとうさんも、厨房に入らずに生きてゆくことはできない。

ぼくも、単身赴任、というほどではないが、仕事場に泊まりこむ日がしばしばある。

超短期単身赴任、と言えないこともない。

そういうときは、いそいそとスーパーに出かけることになる。

男子の料理は誰でも自己流である。

基本がまるでできていない。料理の基本、というほどではないが、意外な盲点が野菜類の洗い方だ。洗い方に自信が持てない。

ネギなんか一番自信が持てない。水道の水に当てながら、なんとなくなでたりさすったりしている。きゅうりも、自信なくなでたりさすったりしごいたりしている。

ほうれん草もむずかしい。ボールの中の水に突っこんで、自信なく揺すったりしている。

この〝自信なく〟というところが心理的にまいる。暗い気持ちになる。「これがほうれん草の正しい洗い方だ」というのがあればそれに正しく従って、明るい気持ちでほうれん草を洗えるのに……。しかし、ほうれん草を洗うたびに、いちいち心理的にまいって、暗くなっていたんじゃ、台所仕事はつとまらない。

キャベツやレタスは、スタートの時点で暗い気持ちになる。ずうっと以前に「キャベツやレタスは、一番表の一、二枚だけ洗えばいい」という記事を読んだような、読まなかったようなあいまいな記憶がある。だから、最初の一、二枚以降で大いに迷う。

全然洗わない、というのはなんだか心にひっかかるも

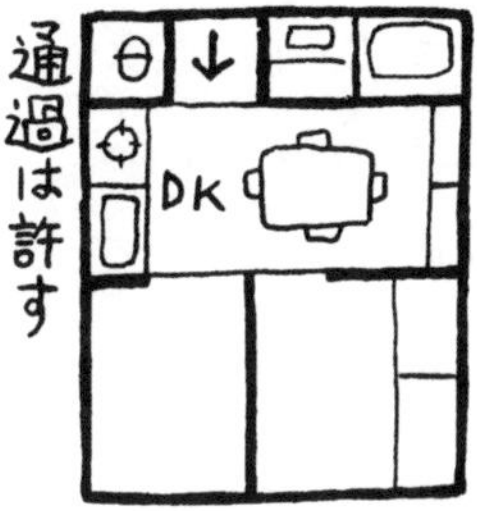

のがある。そこで、水道の水に、チラッと濡らしたりして、それでいいことにするのだが、これでもなんだか気まずい思いが残る。精神的によくない。

スーパーで困るのは、単位が大きい、ということだ。

ジャガイモ、玉ネギ、ニラ、モヤシの単位が大きい。ジャガイモと玉ネギは一個売りもあるが、ニラ、モヤシはそうはいかない。

ぼくはレバニラ炒めが好きでよく作るのだが、レバーもまたワンパックの単位が大きい。一回では使い切れない。レバー、ニラ、モヤシは、〝一回で使い切れないグループ〟の代表的な存在なのだ。

レバニラ炒めの材料は、すべてこのグループだ。しかも、レバーもニラもモヤシも、これまたいたみやすいものの代表的存在だ。いたみやすくて、いたんだときの匂いがすごい。匂いのすごい代表的存在でもあるのだ。

ぼくはそこに、レバニラ炒めというものの持つ運命的なものに思いを致さざるをえない。

たった一人の食事は、どうしてもピッチが早くなる。人と談笑しながら食事しているときの五倍は早い。

食べ始めると同時に、たえまなく箸を使い、たえまなく口を動かし、たえまなくビールを流しこむ。

特におなかがすいているときは勢いこんで食べ始め、三分もたつともうおなかが一杯になる。つくづくむなしい。

一人の食事はテレビを見ながら食べることが多い。

お笑い番組のときは、もちろん「アハハ」と声に出して笑う。

これは、まあ、当然のことだ。

報道番組の人がもっともなことを言えば、あいづちもうつ。うなずいたりもする。

「そうなんだよな」

なんて、レバニラ炒めをつまみあげながらつぶやいたりする。

このへんまでは、まあ、だいじょうぶだ。しかし、「そうなんだよな」の次に、「しかし、あれだよ、そうは言うけどね」なんて続くようになると少しアブナイ。ちゃんと声に出してつぶやくようになるとアブナイ。さらに、

「一概にそうとも言えない場合もあるんだよね。たとえば……」と続くようになるとかなりアブナイ。

特に「たとえば……」と続くあたりがアブナイ。

一人で作る料理は、だんだん乱暴になっていく傾向がある。

たとえば、最初のうちは一枚ずつはがして丁寧に刻んで食べていたキャベツも、いつのまにかベリッとはがして手づかみでそのままバリバリ食べるようになる。

カマボコなども、最初のうちは板からはがして、きちんと等間隔に包丁で切っていたものが、いつのまにか板つきのままの丸かじりになる。板つきのままのカマボコに醬油をつけて丸かじりしながら、「一概にそうとも言えないんだよね。たとえば……」とつぶやくようになると完全にアブナイ。

一人だけの食事習慣が長くなると、「フタハガサズ症候群」が出てくる。

まず、カップラーメンのフタを全部はがさず、カップのフチに付けてブラブラさせたまま食べるようになる。

玄関あけたら二分でゴハンのパックめしのフタも、全部はがさなくなる。半分めくった状態で食べる。

そのうち、めくってない部分のゴハンを、箸を突っこんでほじって食べるようになると、これはかなり重症だ。

板つきカマボコを丸かじりしつつ、半めくりめしを箸でほじりながら、「一概にそうとも言えないんだよね」とつぶやきつつ、キャベツもいまはもう一枚ずつはがすどころか丸ごとそのままかぶりついているあなた、一度その姿を鏡に映してみてはどうですか。

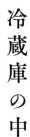

冷蔵庫の中

冷蔵庫の中は恐ろしい。

冷蔵庫の中は、一種の魔窟である。

中から、後悔と慚愧と無念のもろもろのものが出てくる。

扉に近い入口あたりは少なくとも恐ろしくない。このあたりは、物の流通も激しく、出入りする物も常に新鮮、健全、便利、冷蔵庫としての機能を充分に発揮している。

物の配列、配置も所を得て目も行き届き、整然としている。

恐ろしいのは深奥部である。

このあたりは一種の魔窟的様相を呈している。

忘れられ、あるいは押し込められ、あるいは故意に隠蔽されたもろもろの物が、うす暗いところで折り重なり、倒れ、腐り、押しつぶされて幽閉されているのだ。酸鼻、阿鼻叫喚の地獄図絵がそこに展開されているのだ。健全、陽気な入口地帯も、一歩、歩を進めれば、食品の墓場、恐怖の魔窟地帯と化しているのだ。

川口探検隊長を突入させたいほどの、魔の秘境となっているのである。

ある日、冷蔵庫の中を掻きまわしていると、ラップに包まれた肉塊のようなものが出てくる。

川口探検隊長ならば、

「オオッ、これは何だ⁉」

と叫ぶところである。

ラップを拡げてみるとハムである。

いったいいつからここに幽閉されていたのだろうか。製造年月日を見ると、すでに三か月が経過している。

ニオイをかいでみる。少しニオうような気もするし、しないような気もする。だが三か月も経ったハムを食べようという気にはなれない。しかし捨てるという気にもなれない。ほんの小さな塊であれば、いさぎよく捨てられるが、このハムはその厚さ一〇センチもある。

（ま、もう少し様子をみよう）

ということになって、ハムは再びラップで包まれ、元あった位置に安置される。様子をみる、といってもハムはただ腐っていくだけなのである。

このハムは、それからまた二か月経って、ふとしたことで再発見される。今度は少しニオうようになっている。

もはやこのハムを食べるということは万に一つもないであろう。

しかしハムは再びラップに包まれて再収納されるのである。

（もっと、ちゃんと腐ってから）

そういう理由のもとに再収納される。

もはや絶対に食べることはあり得ないのだから、この時点で捨てればいいのだがそれができない。

充分に腐りきれば、心おきなく決断することができる。

一週間ほど前に開けた桃のシロップ漬けの缶詰めが出てくる。一週間前だから、むろん腐っているということはない。

しかし缶詰めというものは、一度開けると缶の内壁から錫とかいうものが溶け出るというではないか。恐らく微量の錫がすでに溶け出しているにちがいない。

食べるには抵抗がある。だが捨てるにはもったいない。桃は少しも変色していず、形もくずれておらず開けたときのままの姿だ。

これももう一度フタをされて元の位置に戻される。

(もっと、うんと錫が溶け出してから)

そういう判断が下されたのである。

そして、冷蔵庫の扉を閉めながら、

(あのとき、ガラス容器かなにかに、あけかえておけばよかった)

という後悔の念につきまとわれる。

ぼくの家の冷蔵庫には、五年もののギネスの缶ビールが、奥深くいまだにしまいこまれている。

冷蔵庫の中では、最長の保有期間を誇っており、冷蔵庫の中の牢名主的存在となってあたりを睥睨《へいげい》している。

このギネスが最初に冷蔵庫の中から発掘されたのは今から三年前である。

製造年月日を見ると、すでに二年の月日が経っていた。ビールというものは生鮮食料品と同じでなるべく早く飲むものである。遅くとも三か月。うんと頑張って半年がその賞味期間である。二年も経ってしまったビールは飲む気になれない。

しかしこれは黒ビールである。

黒ビールは、ふつうのビールとは少し性質が違うはずだ。

二年経っても大丈夫、ということもあり得る。

（ま、もう少し様子をみよう）

ということになって様子をみているうちに、とうとう五年の歳月が経過してしまったのである。

いまだに様子をみているのだが、外観には少なくとも変化がない。

おそらくこれから先、三年は冷蔵庫の中に保管されたままになると思う。

実に八年もののビール、ということになるはずだ。

冷蔵庫の中のギネスを目にするたびに、ハッとし、決断を迫られ、躊躇し、決断を先送りにし、自分の優柔不断を責めつつ扉を閉める、ということを繰り返している。

冷蔵庫は、六十パーセントの便利と、四十パーセントの後悔と慚愧と無念でいつも一杯になっているのである。

4章 B級で何が悪い編

納豆を味噌で

納豆を味噌で食べる。

納豆といえば醤油、この慣習を大和民族は何の疑いも持たず連綿と続けてきた。

その納豆を味噌で食べる。

このことを思いついた人はこれまで誰一人としていなかった。

納豆に味噌で味をつけてゴハンを食べたらどんなことになるのか。

これまでナンピトもこのことに思いが及ばず、試した人もいなかった。

いえ、ウチのほうじゃ昔から納豆には味噌だでよ、という声が名古屋あたりからかかりそうだが、それは聞こえなかったことにして大急ぎで話を先にすすめたい。

とにもかくにも、大和民族はほとんど脊髄反射的に納豆には醤油を選んできた。

盲点といえば盲点、迂闊《うかつ》といえば迂闊であった。

この、日本列島を震撼せしめるような衝撃的なアイデアがぼくの頭にひらめいたのは、二〇〇五年三月一日未明のことであった。

その瞬間、霊峰富士の上空に雷鳴が轟き、琵琶湖の水面から幾万という鮎が飛び跳ね、北朝鮮の白頭山では千羽の白鷺《しらさぎ》がいっせいに飛び立って朝日の中に消えていったといわれている。

やがてぼくは〝納豆に味噌の開祖〟として知られるようになり、広辞苑にその名が載るようになるのだ。

と、ここまでは話が順調にすすんできた。

問題は、納豆に味噌ははたして合うのか、ということである。

合って欲しい。いまとなってはそう祈るばかりだ。

もともと納豆汁というものがあって、

納豆と味噌は汁物としては合うことがわかっている。

ゴハンのおかずとしてはどうなのか。

これほどの大騒ぎをしておいて、やっぱり合いませんでした、では引っこみがつかない。

ここまできたらもうあとには引けない。試してみるよりほかはない。

冷蔵庫から納豆と味噌を取り出す。

味噌はそのへんで売っているごくふつうのやつ。納豆は本小粒。

納豆を小鉢にあける。掻き混ぜる。ニチャニチャニチャ。

そこへ味噌を混ぜる。味噌はダシとか水とかでゆるめずそのまま。バチバチバチ。

粘りがすごい。水分がないせいか、箸と納豆の間に大きな膜が張り、それが破れるたびにバチバチと音がする。粘りで箸がしなうほどだ。

かくして味噌納豆が出来あがった。

ひとかたまりを熱いゴハンの上にのせる。

いま口に入れたところだ。

オオッ、オオッ。

なんということだ。

テレビ東京の「なんでも鑑定団」風に言えば、「驚きの結果に場内騒然」ということになる。

いけるのである。

まるで違和感がない。意外に味噌の味が突出してこない。

「エ？　これ醬油じゃないの？　これで味噌なの？」

と言いたくなるほど味噌が顔を出してこない。

それでいてやっぱり味噌なのだ。

大急ぎで納豆が「仲間だ仲間だ」と豆仲間の味噌を取り込んで隠してしまい、ウチには居ませんよ、と言っているのだが、そこはかとなく居留守がばれる、といったような不思議な味わい。

こういうことも言える。

納豆に醬油が〝ゴハンのおかず〟なら、納豆に味噌は〝酒のサカナ的ゴハンのおかず〟である。

二口目はネギを混ぜてみる。

ネギを入れた味噌納豆を熱いゴハンの上にのせて口の中に入れる。

大粒の納豆のほうは
酒のサカナの一品
料理になる

その結果に場内少し騒然。

ネギのシャリ感が際立っている。

醤油だと、醤油は水分であるからすぐにネギにしみこんでネギをクタッとさせるが、味噌は水分がないからその分シャリシャリが際立つ。

そういえばネギ味噌というものがあるわけで、そのネギ味噌に納豆を加えたことになり、こうなってくるとどんどん酒のサカナのほうに近づいていく。

白味噌も試してみる。

納豆に白味噌を混ぜ、ネギも入れて熱いゴハンで一口。

その結果に場内啞然。

物足りないのである。

ゴハンのおかずとしては塩気が足りない。

そこでそこに醤油をほんのひとたらし。

その結果に場内憤然。

そもそもこの実験は醤油を使わないというのが大前提ではないのか、と憤然となったのである。

でも結果そのものはよかった。

とてもよかった。白味噌に醤油という取り合わせが面白い味だし、そこにもともと醤油と合性のいい納豆が加わったわけだからわるかろうはずがない。はずはなかったが意味がなかった。

結論を急ごう。

あんなに騒いだわりには、新しい味の大発見、とか、大興奮とかにはならなかったが、いままでとは違ったそこそこの味は楽しめるということは言えるわけで、ま、気軽に試してみてはどうですか、損にはならないと思いますよ、と、最後はかなり弱気になっています。

やっぱり納豆は醤油かな、なんて気がしないでもないです。

富士山の雷とか、白頭山の白鷺も、なんなら取り消してもいいです。

焼きそばにちょい足し

いまは何でも「ちょい」の時代。

何をするにも「ちょい」。

ちょい飲み、ちょい食べ、ちょい遊び、ちょい旅行、ちょい結婚なんてのもある。

ちょいの反意語は「うんと」。

うんと飲み、うんと食い、うんと旅行、うんと結婚……うんと結婚てどういう結婚なのかな。

この、ちょい流行《ばや》りの中のちょい飲みがいま大流行《はや》りにはやっている。

会社の帰りにちょっと飲んでサッと帰る。お会計は一〇〇〇円あたりが目安。

これまで酔客無用だったファミレスまでもが、いまはそういう客用のメニューを用意するようになった。

このちょい飲みが家庭にまで及んでいる。家飲みでもちょい飲みですませる。缶ビールだったら1本か2本まで。

おつまみも当然ちょい飲み向きのものになる。

一品でいい。
一品でもいいが、そこんとこに何かちょい足しがあるといいな、と誰もが思う。
一品にちょい足し。
たとえば……と書いて、ここでまさにこれという一品が頭にひらめいたのである。
ペヤングソースやきそばである。
いま時あたかも異物混入事件による謹慎あけ。
特にペヤングでなくてもいいが、そのたぐいのインスタントソース焼きそばこそ、ちょい飲みのつまみとして最適ではないか。

その理由をこれから書く。

え？　ちょい飲みのつまみにソース焼きそば？　わしゃ納得がいかん、という人が納得するように書く。

ネットをのぞいてみましょう。

ネットで「ペヤングソースやきそば」を調べると「ペヤングちょい足し」という項目が出てくる。

この項目がとても賑やかで、いろんな人が「こういうものをちょい足ししたらどうか」とか、「いや、むしろこれはどうか」と百家争鳴となっている。

一つ一つ読んでみると、ナルホド、これだったらビールのつまみにピッタリだな、と思うものばかり。

もともと焼きそばはビールのつまみに最適なのだが、そこんところに更にビールのつまみに最適と思うものを混ぜこむわけだから、大喜びで手の舞い足の踏むところを知らずという状態となる。

どういうものが挙がっているか。

ご多分にもれず、まずマヨネーズ。

チーズ、パセリ、ポテトチップ、天かす、魚肉ソーセージ、目玉焼き、納豆、缶詰のコーン、サバ缶、ツナ缶などなど。

ネットに投稿するのは若い人が多いから増量系のものも多い。

だが、こっちはオッサン系の人物であるから増量は望まない。

軽量系を望む。

ヨーシ、と立ちあがった。

わたし カリカリ梅 混ぜるのが 好き！
カリッカリ
カリカリ

「オッサンが選ぶ焼きそばちょい足し十傑！」

（十傑というところが古いな）、これでいこう、これを買いにいこう。

スーパーに行ってから、あれこれ迷うといけないから、ある程度の制約を設けておこう。

「焼きそばちょい足し十戒」

その1　混ぜるだけで煮炊きを禁ず。

その2　レンジでチンも禁ず。

その3　厨房に入るを禁ず（その場で混ぜるだけ）。

その４　包丁の使用を禁ず。

とりあえず、一條と四戒しか思いつかぬままスーパーに行く。

ふだんスーパーに行くとき、何を買うかは漠然としているが、今回はインスタント焼きそばのちょい足し物だけ。きっぱり。楽しーなー。ちょい楽《たの》だなー。

かっぱえびせん発見！

思わず「ドーダ！」と叫ぶ。

この「ドーダ」は、自分の手柄を称讃する自分への「ドーダ」である。

だって、焼きそばにちょい足しするものとして、これ以上ぴったりの物はないではないですか。

だって、焼きそばの中のえびせんを、箸でこう、つまみあげますね、そうすると、えびせんに焼きそばが、こう、からみついているんですよ、からみついてたれさがってるんですよ、それをいっぺんに、同時に、口の中に入れるんですよ、かっぱえびせんといえばビールのつまみの覇王、焼きそばも覇王、民衆の一人でありながら、覇王にからみついてたれさがっているもう一人の覇王を同時に口の中にお迎えするこの喜び。

かっぱえびせんが焼きそばに合う理由はまだある。

それは歯ざわりである。焼きそばは食べていて終始やわらかい。

だから焼きそばを食べている人はそのやわらかさに油断している。

そこんところへ突如、カリッという歯ざわり。

これは何だ？　と思った次の瞬間、それはかっぱえびせんだとわかり、こんなところでかっぱえびせんに出会うとは、と何だか嬉しく、思わず顔がほころぶ。

かっぱえびせんは塩味が主体。

ソース焼きそばもどっちかというとしょっぱ系。

このしょっぱ系二人組を心ゆくまで味わった跡地に、このあと何が流れこんでくるのでしょうか。


そうです、つめーたく冷えたビールが泡立ちながら、ホップの香りを口いっぱいに漂わせながら、ノドをゴクゴクいわせながら、怒濤のように通りすぎていくのです。

このときの陶酔、このときのプハー、このあとの瞑目、そのあとの突っ伏し、思うだにその感動はいかばかりであろうか。

そうだな、と誰もが共感してくれるにちがいない。

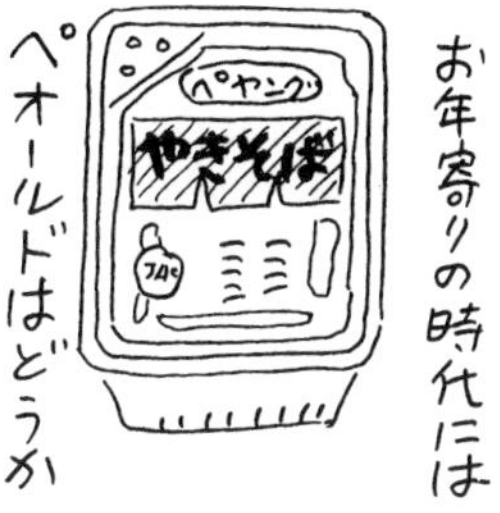

マヨネーズは偉大なり

マヨラーはけしからん。

亡国の徒である。日本の味覚を亡ぼす。

マヨラーとは、いまさら言うまでもないが、どんなものにもマヨネーズをかけて食べる連中のことだ。

ネットにはマヨラーたちが、こんなものにマヨネーズをかけて食べてみた、という報告が競い合うように載っている。

彼らはふつうでは考えられないようなものにまでマヨネーズをかける。

カップ麺にマヨネーズなんていいほうで、キンピラごぼうにマヨネーズ、肉じゃがにマヨネーズ、冷や奴にマヨネーズなんてものまである。

日本料理の泰斗《たいと》北大路魯山人《ろさんじん》は、〝素材そのものの味を大切にする〟がモットーの人だった。

筍なら筍そのものの味、鮎《あゆ》なら鮎そのものの味をどう生かすか、どう殺さないか、それが和の料理の基本中の基本であると説いた。

マヨネーズの味は強い。

素材の味などいっぺんに吹っとんで料理全体をマヨネーズの味にしてしまう。

マヨラーは何を食べてもマヨネーズの味を食べていることになる。

バカかおまえらは。

と、おじさんはマヨラーを罵《ののし》っていた。

その日もマヨラー青年をハゲシク罵っていた。するとマヨ青がこんなことを言ったのである。

「昔、バーやスナックなどで、スルメ

を軽く焙《あぶ》って細く裂いて、それにマヨネーズをつけて食べるおつまみが流行《はや》ったって聞きましたけど」

「あった、あった、スルメにマヨネーズ、合うんだよねー」

「それってマヨラーのはしりじゃないですか」

「……」

まずいな。確かにそのとおりだ。

それまでのマヨネーズに対する人々の考え方は〝野菜サラダ専用〟だった。それ以外のものに使うなど誰も思いもしなかった。なのにスルメにマヨネーズはいかにもぴったりで、あっというまに全国に拡がっていった。

「ですからね、やってみないとわからないものなんですよ」

急に自信がなくなった。

「刺身にマヨネーズ」も漁師たちの間では昔からあたりまえの組み合わせだったという話を聞いたことがある。

マグロなどの小さめのやつは脂が少ないので、マヨネーズに醤油で食べるとトロの味になるとか。

急に迷い始めた。

マヨラーもわるくないのではないか。

思想的な変更を〝ひよる〟というが、こういう変更は〝マヨる〟ということになるのだろうか。

まさにマヨでマヨってる状態になった。

うーむ、試してみるか。

試すとしたら何がいいか。

ようし、こうなったら誰も考えつかないような意外かつ新鮮な組み合わせでいきたい。

マヨラーたちの真似をするようなことはしたくない。

誰もが「まさか」と思うようなもの。

納豆にマヨネーズ、というのはどうか。われながら何だか恐ろしいような組み合わせである。

「塩辛にマヨネーズ」

「タクアンにマヨネーズ」

「かけ蕎麦にマヨネーズ」

エビの天プラにマヨネーズというとギョッとするが
エビフライのタルタルソースは
マヨネーズ
と思えばエビ天マヨネーズは当然

身の毛のよだつような組み合わせが次から次に浮かぶ。

中年になってからの女狂いは激しい、とはよくいわれることだが、中年になってからのマヨ狂いもとかく過激になるらしい。

「海苔《のり》の佃煮《つくだに》にマヨネーズ」

「蛤《はまぐり》のお吸いものにマヨネーズ」

「もずく酢に味噌マヨ七味がけ」

マヨネーズだけだとその適用範囲はそれほど広くないが、そこに少量の醤油を加えるととたんに応用の幅が広くなる。

そこでですね、それらの品々をスーパーで買い求めてきて実験にとりかかったわけです。

とりあえず部屋中の窓という窓を閉め、カーテンを引き、電灯も豆電球にして暗くする。

犯罪というわけではないが、世間をはばかる行為であることは確かだからだ。

まず「納豆とマヨネーズ」。

納豆に少量の醤油を入れて混ぜ、その上にマヨネーズをニョロリ。

この光景に少したじろいだが、いざこれを掻き混ぜる段になって更に抵抗があった。掻き混ぜつつもなんだかドキドキする。ゴハンと共に口に入れる。

これがですね、恥ずかしながらなかなかおいしいのです。

醤油の塩分が後ろに引っこんで、引っこんだ分をマヨネーズが補い、納豆の味損なわれず、三者協力しあって秀逸。あ、秀逸なんて言っちゃった。

次は世紀の組み合わせ塩辛。これがまた恥ずかしながらなかなかわるくない、というよりおいしい。

もずく酢に
マヨネーズ
だけは
カンベン
して
ください

タクアンにマヨネーズも大丈夫、というよりどうってことない。

海苔の佃煮も不思議なくらいどうってことない。

マヨネーズには塩気を和らげる力があるようで、和らげたのちちょっぴり自分を主張する。

ここまでくると、マヨネーズに合わない食べ物はない、ということがわかってきた。

マヨラーを罵ったりして悪かった。これからは心を入れ替え、改心し、もはや迷うことなきマヨラーとなり、迷わなくなったわけだからマヨラーズと名乗って生きていこうと思う。

それをやっちゃあおしまい蕎麦

「寅さん映画」の寅さんのセリフに、

「それを言っちゃあおしまいよ」

というのがある。

では、
このセリフが出たとたん現場はたちまち大騒動、大乱闘になる。

「それをやっちゃあおしまいよ」

だったらどうなるか。

これとて同様の効果があるわけで、やはりあたり一帯は大騒動になるはず。

「それをやっちゃあおしまいよ」の実例としてこんなのはどうか。

「蕎麦の具にフライドポテト」

みんなアッと驚き、
「それをやっちゃあおしまいよ」
といっせいに叫び、たちまち大乱闘、とまでにはならないが、かなりの大騒ぎになることは確か。

　一般的に蕎麦の具は油揚げ、揚げ玉、カマボコ、ナルト、天ぷら、鶏肉、鴨肉といったところで、意外にその範囲は狭い。

　立ち食い蕎麦だと、これにコロッケ、チクワ天、搔き揚げなどが加わり、日本の蕎麦業界はこの範囲内で具を賄ってきた。

保守的といえば保守的で、これら以外の具の参入を拒んできた。
そこへ突然フライドポテト。
出しぬけにアメリカン。

日本の相撲界は保守的な体質そのものということになっていたが、意外にすんなりと外国人の参入を許した。

日本の蕎麦界はそうした傾向を頑《かたく》なに拒んできた。

だからこそフライドポテト蕎麦のショックは大きい。

ここでちょっと、フライドポテト蕎麦なるものの実像を頭に思い描いてみてください。

まずかけ蕎麦を想像してください。

その上にフライドポテトをバラバラとのせてみてください。

のせましたか。

ちゃんと湯気上がってますか。

いいのか、湯気、じゃなかったフライドポテト、と、改めて怒りがこみあげてきたのではないですか。

それなのにですよ、出現したのです、フライドポテト蕎麦なるものが、大阪で。

大阪は阪急十三《じゅうそう》駅構内の「阪急そば若菜十三店」*のメニューに登場したのです。

370円で。

「ヘイ、おまち」

かなんかで、フライドポテトがのった蕎麦の丼が客の前に差し出されているのです、湯気上げて。

これまで蕎麦とフライドポテトが、日本の食卓にいっしょに並ぶことはなかった。近寄ることも、寄り添うこともなかった。なのにいきなり丼の中でちゃっかり同棲している。

ネットで見ると、蕎麦とフライドポテト（以下フラポテ）は別添えで出てくるようだが、同棲の写真もいっしょに出ている。

蕎麦に関してはあれこれうるさいじーさんはいっぱいいるが、あれこれうるさくないじーさんとしてのぼくは、その写真を見て、

「旨そうじゃないの」

と思った。

蕎麦とフライドポテトが、風景としてすっかり馴染んでいる。

「すぐに食べたい」

と思ったが、いまのところこのメニューは大阪だけらしく関東には進出していない。

食べるには自分で作るよりほかない。

コンビニに行って「きつねどん兵衛」とフラポテを買ってくる。

「どん兵衛」の容器から、油揚げに因果を含めて退出してもらう。

油揚げにしてみれば、この会社で一生安泰と思っていたところへ突然この人事。

まことに気の毒ではあったが実際の会社ではよくあること。

そうしておいてそこにフラポテをのせ、フラポテの塩気を考慮して容器に示してある線より多めに熱湯をそそいでフタ。

熱湯三分。

さあ、フラポテ蕎麦はどうなったか。

フラポテがしんなりしている。

まずフラポテを食べてみる。

あっ、おいしい。

カチカチだったフラポテが蕎麦つゆを吸ってしんなりと柔らかく潤《ほと》び、噛みしめると元々あった塩気に蕎麦つゆの味が加わってすっかり別物の味になっている。

ただのフラポテよりはるかにおいしい。

そうか、フラポテと蕎麦つゆは相性がいいのか。

肉じゃがで考えるとそのことがよくわかる。

肉じゃがの味つけの基本は醤油と砂糖。

蕎麦つゆの味つけの基本も醤油と砂糖。

共通の分母がいっしょ、合わないはずがない。

大発見である。

これからフラポテを食べるときは、蕎麦つゆにひたしてから食べよう。

そういえば蕎麦屋のメニューに「抜き」というのがあった。

天ぷら蕎麦から蕎麦を抜いて天ぷらだけにしたものが「天抜き」。

酒呑みはもっぱらこれをさかなにして酒を呑むというが、うん、これからは、フラポテ蕎麦の蕎麦抜きの「フラポテ抜き」で一杯やることにしよう。

フラポテ蕎麦のつゆも、元の蕎麦つゆの味にフラポテ独得の塩気が加わって別の味になってなかなかおいしい。

大発見がもう一つ。

フライドポテトを箸でつまんで食べたこと。

こんなこと、フラポテ蕎麦を食べるとき以外にはありえないんだよね。
フライドポテトを箸ではさむのが、何だかとても恥ずかしかったです。

＊現在の店名は「若菜そば　阪急十三店」。

えびせん大実験

スーパーで買い物をして、雨が降っていたので右手に傘、左手にスーパーの袋という格好で歩いていた。

スーパーの袋の中には、ついさっき、なんとなく買い込んだかっぱえびせんの袋が入っている。

雨の中を歩いているうちに、かっぱえびせんの袋がしきりに気になってきた。

「一本食ってみたい」

あの、妙に軽くて、妙にねじれて、ほんのちょっと塩《しょ》っぱく、ほんの少し油っぽく、遠くのほうでかすかにエビの味のするあのものを、いま、ここで食べてみたい。どうしても、いますぐ食べてみたい。

傘を左手に持ちかえ、右手をスーパーの袋に突っ込み、えびせんの袋をビリリと破った。

一本つかみ出し、一本口に入れる。

最初、オッ、意外に硬いな、と思った次の瞬間、えびせんは一挙に総くずれとなり、あとはもうサクサクサクサクサク。ちょうど十回噛むと、口の中のえびせんはあとかたもなく雪のように消える。

たったいま、口の中でそんな出来事があったなんてことを少しも思わせない見事な消え方である。

この消え方が曲者《くせもの》なのだ。

すかさず再び袋に手を突っ込んで二本目。名にし負うやめられない本家であるから当然そうなる。

二本目も十噛み、アッという間に口の中で雪のように消える。

ちょっと物足りない塩気、物足りな

い噛みごたえ、物足りないエビの味。

ここのところもまた曲者なのだ。

なんとか物足らせようとして、せわしなく次から次へと口に運ぶことになる。傘をさして水たまりをよけながら、一本、また一本と袋からつかみ出しては食べているうちに、なにも一本ずつつかみ出すことはないな、ということに気がついた。

いっぺんに三、四本つかみ出して、それを一本ずつ食べればいい。実際にやってみるとまことに快適だ。どんどんはかどる。

そのうち、なにも一本ずつ食べなくてもいいのではないか、ということに気がついた。

四本つかみ出して四本いっぺんに口に入れてもいいではないか。実際にやってみると、このほうがはるかに能率があがる。

なにしろ雨の中を傘をさして歩きながら、袋からつかみ出しては食べるという煩雑な作業であるから、その回数はなるべく少ないほうがいい。

五本いっぺんをやってみた。快適である。六本いっぺんをやってみた。これも快適である。

そのうち、フト恐ろしい考えが頭に浮かんだ。一体、口の中にえびせんは何本まで入るのだろうか。三十本だろうか。六十本だろうか。

ああ、一刻も早く試してみたい。

そう思うと、もう矢も盾もたまらず、雨の中を小走りになって仕事場に戻ってきた。

傘も靴もスリッパも玄関で蹴散らし、部屋のまん中にすわりこむと新聞紙を拡げ、その上にえびせんをザーッとあける。

スキマなく詰め込むために手鏡も用意した。とりあえず三十本を目指してみよう。

口の中に入れる作業が手間どると、舌側の下のほうがしけって溶けてくるおそれがある。

えびせんはねじれているから、整然と並べていかないとスキマだらけになる。ちょうど炭焼き窯に薪を並べていくように、手際よくくべていかなければならない。

とりあえずアーンと口を開ける。

鏡を見ながらまず五本くべる。続いてもう五本。

続いて三本。このあたりで口の入り口付近は窮屈になった。

二十八本
一挙噛みでッ

人さし指を突っ込んで全体を左頰のほうに片寄せ、できたスキマにさらに三本。続いて一本ずつくべて三本。

鏡を見るとあと三本はいけそうだ。

鏡の中の口の中はえびせんだらけだ。

アゴが少し疲れてきた。

もう二本挿入し、天井のあたりにようやくもう一本入るスキマを見つけ、そこのところにもう一本、そうっと挿入していくと、その先端がノドの奥をこすったらしく、ウゲッ、となり、それをこらえているとまたウゲッとなって激しく咳き込み、涙さえ浮かんできたのであきらめて全体を口の中から取り出した。

第一次三十本計画は失敗である。

しかし二十一本まではいけることがわかった。

こんどは慎重にくべはじめる。

意外にも、こんどは二十六本までラクに入った。

これで口の中はほとんど一杯になった。もうどこにもスキマはない。しかしここであきらめないのがぼくのいいところだ。上唇と歯ぐきの間に一本、下唇と歯ぐきの間に一本、計二本をはさみこんだ。

鏡を見ると、鼻の下とアゴの上のところが大きくふくらんで面相がすっかり変わっている。

総計二十八本。この記録をギネスはどう評価してくれるのだろうか。

アゴが痛い。息が苦しい。

もはやこれまでと、一挙にカリリと嚙む。最初の五嚙みぐらいまではバリバリバリバリと無我夢中。

ふと我に返れば、口の中はしっとりとしたスプーン一杯ほどの量となっていた。

この実験をしてみようという人は、次の三点を参考にしてください。

　まず意外にしけらないので、あわてることなくゆっくり詰め込むこと。

　詰め込むのに夢中になって、途中で本数がわからなくなるから、その点注意。

　詰め込むとき意外に折れない。

　もっとも、こんな実験、誰もやらないか。

カップ麺の正しい食べ方

カップ麺とは、虚実皮膜の具現化と見付けたり。

と、わけのわからぬことを言っておいて、カップ麺本論に入ることにしよう。

カップ麺の食べ方、その作法について言及した人はこれまでいない。

カップ麺がわが国に誕生してすでに三十余年、そろそろその正しい食べ方が確立されなければならない時期に来ている。

誰かがそれをやらなければならない。そしてまた、人々もそれをいまかいまかと待っているのだ。

同じ麺類である蕎麦は、すでにその食べ方が確立している。

カップ麺の正しい食べ方の確立は時代の要請である。

本文によって、日本中の人々が、カップ麺を正しく食べる日が来ることを期待したい。

ここに一個のカップ麺がある。

最初に何をなすべきか。

それは手に持ってみることである。

両手でカップ麺を持ってみよう。

その軽さに驚くにちがいない。

いつも手に持つ丼のラーメンの重さと何という違いであろうか。

しかし、これがいつも食べているラーメンというものの本当の重さなのだ。いつも手にしている一杯のラーメンの重さは、実はその半分以上が丼の重さなのだ。そして湯の重さなのだ。

カップ麺こそが〝実〟であり、ラーメン屋のラーメンこそが〝虚〟であることを思い知ってほしい。

しみじみと思い知ったのち、フィルムパックをはがそう。

カップ麵を両手で持ち、右手をカップのお尻にまわそう。

カップの底には必ずクボミがあり、クボミのところにはフィルムの閉じ目がある。

その閉じ目を手でまさぐり、そこに強引に指を突っこもう。かなり強引でいい。そしてそのままフィルムを引き毟《むし》ろう。

いまわたしはわざと漢字の毟るという字を使った。そう、そういう気持ちで引きむしろう。

いよいよフタを開けるときが来た。

OPENと書かれた出っぱりのところをしっかりつかみ、ゆっくりとピリピリとはがしていこう。そう、ゆっくりとだ。

この〝ピリピリ〟が楽しい。

しっかりと接着されたものが、程のよい力で、着実に、失敗なく、意のままに剝がれていく。楽しい。

フタを半分まで開けたら中をのぞこう。

そこは何やら薄暗く、何やらいろいろのものが雑然と押し込まれており、のぞいてはいけないところをのぞいたような、人の家の押し入れをのぞいてしまったような、うしろめたい気持ちになる。

うしろめたい気持ちのまま、そこにあるものをうしろめたくゴソゴソと引き出す。

「かやく」「粉末スープ」「液体スープ」「海苔《のり》」などである。「かやく」の中身は、「ネギ」「チャーシュー」「ナルト」などが多い。

指示どおり、麺の上に粉末スープをふりかけ、乾燥ネギ、チャーシュー、ナルトをのせる。

その光景をじっと見つめよう。

ここではすべてが乾燥している。

水のない世界、となっている。

枯山水、と見ることもできる。

干からびて荒廃し土ぼこりをかぶった遺跡、と見ることもできる。

救いのない世界、このまま亡《ほろ》んでゆくしかない世界……と誰もが思うにちがいない。

すべてが手遅れで、救済の手だては何一つない、と誰もが思うが、たった一つだけ、救済の方法があるのだ。

それは熱湯である。

熱湯がすべてを解決する。

しかも三分で解決する。

三分ののち、液体スープを入れて掻きまぜる。

三分前は鍋、釜と同じ調理器具であったものが、たちまち食器に変身する瞬間である。

いまカップはまぎれもない食器となった。

いよいよカップ麵を食べるときがきた。

フタをどこまで開けるか。数々の論議がなされてきた問題である。

わたくしは全面撤去を推奨しない。

全面撤去ではふつうのラーメンを食べるのと同じになってしまい、カップ麵としての独自性が失われるからだ。

フタプラプラ、これがカップ麵の正しい食べ方だ。

フタプラは楽しい。ときどきわざと揺らしてプラプラ揺れるのを楽しもう。

おしまいのほうになってスープをすすりこもうとカップを傾けると、フタがおでこに襲ってくるのも楽しい。それを寸前で箸で防ぐのも楽しい。

チャーシューと称する肉片を軽蔑する人は多いが、どうか温かく見守ってやってほしい。精一杯チャーシューになろうとして、あんなにも努力しているではないか。

ナルトも温かく見守ってやってほしい。

「印刷じゃないのか」

などと言って邪険にするのはやめてほしい。

ここでは、麺もスープもチャーシューもナルトも、身をやつしているのだ。やつしのお約束、やつしの協定がここにはあるのだ。

みんながそうやって虚の世界に身を置いているのに、海苔だけがその協定を破っている。本気で勝負している。いやな奴だ、と、このときばかりは本気でそう思いますね。

超まん丸なチャーシュー
オモチャみたいなナルト
(良い子ぶってる)
海苔だけ本物志向

生卵かけゴハンの恍惚

いつものように卵かけゴハンを食べようと思い、卵をテーブルのフチにぶつけようとして、ふと考えました。

いつものようにではなく食べてみようか……。

いつものようだと、卵をカチンと割って小鉢にあける。醤油をたらす。かきまわす。とりあえず、半分だけゴハンの上にかける。

と、こうなるわけである。

黄身と白身を分けて、〝黄身だけかけゴハン〟というもので食べてみたらどうだろう。

〝黄身だけかけゴハン〟を食べることになれば、当然〝白身だけかけゴハン〟も食べることになる。

〝黄身だけかけゴハン〟は大体想像がつくが、〝白身だけかけゴハン〟はどんな味になるのだろうか。

そう思ったとたん、急にいろいろと忙しくなった。

まず小鉢を二つ用意して、卵をテーブルのフチにカチンと当てる。

話はちょっと停滞しますが、卵を割ろうとして何かに当てるとき、なにかこう謙虚な気持ちになりませんか。

早口言葉
キミダケカケナマタマゴハン
シロミダケカケナマタマゴゴハン

もしかしたら失敗するかもしれない。

もしかしたら、自分はダメな人間かもしれない。

おごりたかぶった人がいたら、とりあえず卵を十個ほど割らせてみるといいかもしれませんね。

とてもいい修行になる。

エート、とにかく生卵を割る。

割って、黄身と白身をそれぞれの小鉢にあける。

それぞれに醬油をたらしてかき混ぜる。

とりあえず、黄身のほうからいってみましょうか。

〝黄身だけかけゴハン〟は、びっくりするほど粘りが出る。

ゴハンが熱いので、口の中がネットリ、ほっこり。

なにしろ黄身だけなので、卵のコクが濃密で、そこに粘りが加わって、ゴハンと黄身が上アゴにひっつき、舌にひっつき、口の中はニッチャコ、ニッチャコとなって、目はなんとなく上目づかいになって、口はO《オー》の字になったりへの字になったり、これはなんともこたえられまへんな、という心境になり、はたから見たら、とても利口には見えまへんな。

ここで、ふと思いついた。

ここにバターを加えたらどうか。

急いでバターを溶かして残りのゴハンに加えてみる。

相当しつこいが、相当おいしい。

黄身のコクと、ゴハンの甘味と、バターの香りと、醤油の味と心地よい粘りとで陶然となり、やめられまへんな、の心境になる。これはもう、ほとんど洋食の世界だ。

〝白身だけかけゴハン〟のほうはどうか。

これが意外によかった。

ゆるゆるとして淡淡。

悠悠として飄然。

かすかな卵の香りの中から、醬油の味が画然と浮き出てくる。

ラーメンでたとえると、塩ラーメンの味わい。ゴハンでたとえると、お茶漬けの感触。

醬油かけゴハンというものを久しく食べてないが、あの醬油かけゴハンを薄い卵の味で割った、というような味わい。こっちは完全な和食の世界だ。

黄身が洋食で、白身が和食。

こうなってくると、黄身白身合体の味、全卵の味を改めてためしてみたくなる。

そこで改めて卵をもう一個。別の小鉢に割り入れる。

醬油をたらしてかき混ぜる。

とりあえず、この半分だけをゴハン

にかけて食べることにする。

話はまたしても停滞しますが、この〝半分だけゴハンにかけて〟食べようとして成功したことありますか。

半分だけかけようとすると、必ず半分以上が、ニョロリと出ていってしまう。

あわてて箸で押さえて「マテマテ」なんて言っても、箸と箸の間からニョロニョロと、半分以上どころか大半が出ていってしまう。

人類は、川の水を押しとどめてダムを作ることに成功した。

しかし、人類四千年の歴史と知恵をもってしても、〝生卵が半分以上ニョロニョロと出て行ってしまう〟という現象は、いまだに押しとどめられないようだ。

この現象に対処する方法は一つだけある。半分でとどめようと思わないことだ。

「出ていくものは出ていけ」の心境になることだ。

このようにして、とにもかくにもゴハンの上に全卵の卵がかかった。

これを、ゆるくかきまわして食べてみる。黄身、白身、醬油、ゴハンが、ゆるく混じりあっている。

ずるずるとかきこんでみる。

しかし、あれですね。

こうやって、黄身だけかけゴハンと白身だけかけゴハンを食べたあとでは、全卵の卵かけゴハンは、単に黄身と白身が混じりあった味にしかすぎませんね。（あたりまえか）

生卵かけゴハンは、大体において朝食で食べることが多いようだ。

朝食に、納豆や海苔といっしょに出てくる。

それでなくてもせわしない朝食の前に「卵を割って醤油をかけてかきまわす」という作業が加わることになる。

当然、せわしなくかきまわすことになる。

牛丼の吉野家では、「朝定食　ごはん、納豆、生卵、海苔、みそ汁　３７０円」というものを朝の六時から十時までやっていて、これが大いにうけている。

朝八時。吉野家では、コの字形のカウンターをとり囲んだ出勤前の人々が、いっせいに、せわしなく納豆をかきまわし、生卵をかきまわしている。

よりによって朝の時間帯に、〝かきまわしものの両巨頭〟が顔をそろえてしまったのだ。

ソーメンをストローで!!

「ビールをストローで飲むと酔いが早くまわる」

とか、

「日本酒をストローで飲むと急激に酔う」

とか、

「ウイスキーのストレートをストローで飲んだとたん、目がまわって倒れた」

とかの、酒とストローにまつわる話、聞いたことありませんか。

ぼくは、もう何十年も前に聞いていて、本当だろうか、と思いつつも試してみたことはなかった。

まわりの友人、知人に訊いても、試した人は一人もいない。

こんな、やろうと思えばすぐにも出来ることを、みんな、なぜやらないのだろう。

ストローなんて、大抵の家の台所の引き出しに、二本や三本入っているはずで、晩《ばん》酌《しゃく》のついでにやってみる機会はいくらでもあるのに誰もやらない。

なぜか。

といったようなことをふと思い出した。

いま、まさに、缶ビールを開けて飲もうとしているときに思い出した。

そこでただちに台所に行き、ただちにストローを見つけ、ただちにビールをコップにあけて、その中にストローを差し込んだ。

吸う。

ストローを通してビールが口の中に吸い込まれる。それをゴクンと飲む。

全然おいしくない。

ビールというものは、強制的、連続

的に口の中に流し込み、それをゴクン、ゴクンと強制的、連続的にノドの奥に送り込んで飲むところにそのダイゴミがある。

ストロー方式では、ビールをこっちから迎えにいくことになる。

ビールを吸う。

おいしいはずがない。

問題の〝酔い〟のほうはどうか。

一缶飲み終え、しばらく様子を見ていたが、いつものゴクゴク飲みと全然変わらない。

結論。

ビールをストローで吸って飲んでも、全然おいしくないし、全然酔いも変わらない。

ということで、ふつうだと、ここでこの話は打ち切って、ハイ、おしまいということになって、ナンダ、ナンダ、オレたちをバカにしたのか、となって、読者騒然、ということになるのだが、そうはなりません。

ストローで一缶飲み終わって、酔い具合を確かめているとき、次のような発想を得た。

トコロ天である。

トコロ天をストローで飲んだらどうなるか。

第一、ストローでトコロ天は吸い込めるのか。

発想の転換も、ここまでくると、無責任といわれても仕方がないが、発想としては素晴らしいものがある。

有史以来、日本人でトコロ天をストロー飲みした人はいるだろうか。トコロ天は、本来、箸一本で食べるものである、と説く人はいるが、ストロー一本で飲んだ人はいないはずだ。

大急ぎでコンビニに走り、トコロ天を買ってきてフタを開け、水を切り、ツユを混ぜ、辛子《からし》を混ぜてそこへストローを差し込む。

とても不安である。

吸う。

登ってくる登ってくる、トコロ天がストローの中をニュルニュルと登ってくる。

トコロ天が二、三本ずつ、ストローの中をからまり合いながらトコロ天の滝登り。

きょうは
ソーメンを
吸いました
あしたも
吸いたいです

滝登りが次々に口の中に入ってくる。酸っぱいツユもバランスよく入ってくる。

ドドッとではなく、二、三本ずつ、ツユといっしょに入ってくる。

ここのところが新鮮だった。

ふだんのお箸で食べる食べ方だと、トコロ天がドドッと口の中に入ってくるが、これだと、二本、三本、ときには一本、ニュルニュル入ってくる。

ツユとバランスよく入ってくる。

トコロ天そのものの味がかえってよくわかるし、ツユ自体の味もよくわかり、両者の相俟《あいま》ったおいしさもよくわかる。

このほうがトコロ天の正しい食べ方なのではないか。

ただ、ときどき、辛子のカタマリが、突如、鼻腔のつけ根のところをジカに直撃することがあるので、この点だけは充分気をつけるように。

トコロ天のストロー食い、大成功であった。

成功の喜びにふるえながら、口を拭《ぬぐ》い、水など飲んでいるうちに、またしても次のような発想を得た。

トコロ天が大成功であるならば、ソーメンはどうか。

ソーメンのほうが、更なる大成功が見込まれるのではないか。

ソーメンを買ってきて茹《ゆ》でる。

ソーメンとツユを氷で冷やす。

いざ。

ソーメンが登ってくる登ってくる、トコロ天のときより威勢がいい。

冷たいツユもいっしょに登ってくる。

駆け登ってくる、といったほうがいいのかな、喜び勇《いさ》んで、といったほうがいいのかな、その勢いが見ていて気持ちいい。

そして、おいしいんですね、これが。


楽しいんですね、これが。

口にくわえたストローの筒先で、ツユと氷の間を逃げまわるソーメンを追いまわし、追いつめ、吸い上げる。

左手にウチワを持ち、あ、浴衣《ゆかた》も着たほうがいいな、それでもってソーメンの群れを吸い上げ、「捕れたー！」とか言ったりすれば、これはもう立派な夏の風物詩。

5章 実践！レポート編

三分クッキングの巻

料理は、うんと凝るか、全然凝らないかのどっちかである。

凝りだすとキリがない。

うんと凝りに凝った料理を手順どおり、時間をかけて作りあげて食べてみるとたしかにおいしい。

だがここで、

「まてよ」

ということになる。

これに更になにかを加えると、もっとおいしくなるのではないか、と考える。

そこでなにかを加えてみると、たしかに更においしくなる。

そして再び、

「まてよ」

となる。

こうなるとキリがない。

今回は、全然凝らないほうの料理に挑戦してみたいと思う。

そこで、カマドの坂本、モヤシの斎藤、真砂のおやじの三氏に、

「頭脳の働きが極端に活発でない人でも、チョットの間にできる料理を一品ずつ考えてきてください」

とお願いしていよいよ当日。

坂本は「ホーレン草腐乳いためめ」

斎藤は「コンニャクいり煮」

真砂のおやじは「砂ギモウスターソースいため」

を、それぞれひっさげて集結。

ぼくは「大根の角切り、塩、味の素まぶし」「カマス香味野菜煮」「牛肉シソ葉いため」の三品。

最後に共同制作として「温泉玉子」を加えることになった。

一番バッターは坂本。

ホーレン草腐乳いための制作にとりかかる。

これは単なるホーレン草のいためものなのだが、そこに腐乳なるものを加えるところがミソであるという。

腐乳というのは中国料理に使うもので、豆腐を塩漬けにして発酵させたものである。豆腐の塩からとでもいうべきしろもので、独特の恐ろしい臭いがし、そこのところが好きな人にはたまらなく、嫌いな人にはたまらなくいやという一種の珍味である。

ぼくはこれがたまらなく好きで、アツアツのゴハンにちょびっとのせて食べるとこたえられない味になる。

ただ、なかなか入手が困難で、デパートか中華街で求めるしかない。(最近ではスーパーでも売っている)

さて坂本は、中華鍋《なべ》に油を投入。

そこにニンニクのみじん切りを入れ軽くいためる。

「ケムが出たとこでザク切りのホーレン草を入れます」

「ハイ」

「ホーレン草は、クキのほうから先に入れます」

（腐乳）
豆腐
腐ってるとしか思えないシル
一度好きになった人は中毒になる

（砂ギモウスターソースいため）
①
白い皮
②
包丁でけずる
③
切れめを入れる
④
ウスターソース
一晩漬けて…
⑤
ジュー

「ホウ?」

「つまり、クキのほうはどうしてもいたまりかたが遅いからです」

「ナルホド」

「クキ先、葉あとの法則」といって、これはどんな葉物類にもあてはまる法則だという。

ホーレン草全投入と同時に腐乳及び腐乳汁を大サジ一杯ほどかける。

ホーレン草がいたまったらショウユを少々ふりかけてできあがり。

「野菜のいため物は、食べごろよりやや早めに火をとめるのがコツです」

「ホウ?」

「いためたあと、余熱で更に熱が通るからです」

「食べごろよりやや早め火止めの法則」といって、これは全葉物類にあてはまる法則なのだそうだ。

料理時間、約三分。

「ナルホド。これなら頭脳の働きが極端に活発でない人でもたちどころにできますな」

評価。

「すべてを腐乳に頼った料理」

「単なるいため物とは思えない高級料理」

「腐乳の香りがなんともいえない。ホーレン草だけでなく、キャベツでもニラでもよさそう」

総合評価＝4（五段階評価で）

制作者の弁。

「腐乳がきらいな人にはダメね」


次は真砂のおやじの登場。

演じますは、**砂ギモウスターソースいため**
「エー、まずね、砂ギモの皮をとる。この白っぽいとこね、ここが皮です。これ堅くてうまくないのね、だからこうして包丁で一つ一つこそぎとる。これをね、ウスターソースに漬ける。漬けて一晩おくわけです。一晩おいたのがこれ」

と、テレビの料理番組ふうに一晩おいた砂ギモを取り出す。

「これをね、ただこうジャーッといためるだけ」

ジャーッ。（いためる音）

「ハイできあがり」

料理時間約一分。

「二日がかりの大料理」といえばいえなくもないが、まことに簡単。

評価。

「味つけがウスターソースだといわなければまったくわからない。不思議な味」

「西洋料理ふう砂ギモいため」

「トンガラシなんか入れてもいいな」

総合評価＝3

制作者の弁。

「これ、オレ好きなんだよね」

といいつつ一つつつまむ。

いよいよ問題の斎藤青年登場。

テーマは**コンニャクのいり煮**

斎藤青年は、料理はモヤシいため一筋という独身青年（現既婚）。

やはり独身とコンニャクの因縁は浅からぬようだ。

コンニャクに
取組む
独身の
斎藤青年
ブチッ
アンチョコ
(カマスの香味野菜煮)
■セロリ
パセリ
人参を
ゆでる
■カマス
投入！

とりあえず胸のポケットからメモを取り出す。

コンニャクを、まな板にのせ、包丁の腹でペタペタとたたく。

「それはどうして？」

「ンート……」

と、アンチョコを取り出し、

「こうすると、味がよく滲《し》みるわけです」

次に、たたいたコンニャクを、包丁を使わずに指でちぎる。

「それはどうして？」

「ンート……」

またアンチョコを見、

「こうすると、味がよく滲みるわけです」

味を滲みこませる、という一点に、かなりの熱意と情熱をかたむける料理のようだ。

コンニャクは白いほうを使っている。

「黒いほうじゃいけないの？」

「ンート……」

と、またアンチョコを見たが、その理由は出ていなかったらしく、

「ンー、いや、ホラ、白いコンニャクだと、どうせ煮れば黒くなるでしょ。だから」

なんだかよくわからないが、正しいような気もする。

主役はコンニャクだが、ゴマ、早煮昆布、カツブシ、赤トウガラシなども用意している。

かなりの大ごとになりそうな気がする。

「ちぎったコンニャクをまずお湯で煮ます」

火が通ったところで、引きあげて今度はフライパンでからいりする。

「こうしてコンニャクの水分を取るわけです」

「からいりしたコンニャクを今度は油大サジ三でいためます」

やはりかなり大ごとのようだ。

コンニャクも、煮られたと思ったら今度はからいりされ、やれやれこれで終わりかと安心していると次は油でいためられ、身の安まるひまがなかろう。

「油がなくなるまで」

と丹念几帳面《きちょうめん》に、一滴の油もなくなるまでいためるあたり、純情素朴の性格がうかがえる。

いためたらフライパンを斜めにしてシャモジでギュッと押さえて油をよくしぼる。

なにしろアンチョコどおりにやっているから手抜きということがない。

油をよくしぼったコンニャクに、三ミリ幅に刻んだ昆布をまぜて、またいためる。

コンニャクもさぞかし悲鳴をあげていることであろう。

簡単な料理を、と注文したはずなのに、かなりの手間ひまがかかるようだ。

昆布とコンニャクがいたまったら、水と酒、ショウユをふりかける。

「水三、ショウユ二、酒一の割合いです」

最後にトウガラシを入れ、ミリンとカツブシを入れる。

これで終わりかと思っていると、別のフライパンで白ゴマをいりはじめるのである。

「ゴマの三つはね、といってゴマは三粒はねたら火をとめるといいよ」

と真砂のおやじが助け舟を出す。

「ゴマ三つはねの法則ですな」

いりあがったコンニャクを器に盛り、その上にいりゴマをかけてやっとできあがり。

料理時間。途中かなりマゴマゴしたので二十分。

評価。

「ヤレヤレ」

「お疲れさん」

「コンニャクと昆布が意外によく合う。ゴマも不可欠」

「とにかくごくろうさん」

「コンニャクもごくろうさん」

　総合評価＝5

　最後はぼく。

　最初は**大根角切り、塩、味の素まぶし**
　この料理は、タイトルが、料理法をすべていい表わしてしまっているという珍しい料理である。

　まず大根を一センチ角に切る。ちょうど大きめのサイコロぐらいである。

　さて次に、ということになるのがふつうだが、これでこの料理の全過程のほとんどが終了してしまっているのである。

　始まった途端に終わってしまって、未熟な花婿のような申しわけないような気持ちになる。

　このサイコロ大根にパッパッパッパッと塩をふりかけ、味の素をバサバサバサと大量にふりかける。これでできあがり。

「味の素大量」というところがミソである。味の素と大根は不思議によく合う。これをよくかきまぜ、冷蔵庫に入れ十分ぐらいおいてから食べる。

評価。

一同「いうことなし」

総合評価＝できず。

制作者の弁。

「………」

次は**カマスの香味野菜煮**

大鍋に水を入れ、セロリ、パセリ、ニンジンを入れてゆでる。十五分ほど。

そこへカマスの開きを入れて煮る。三分ほど。

カマスだけ引きあげ、皿に盛り、マヨネーズをかけて食べる（タルタルソースだと更によい）。或《ある》いは、マヨネーズにピクルスの刻んだのを混ぜるだけでもかなりおいしくなる。

評価。

「カマスの開きを煮る、というところがアイデア」

「セロリやパセリの香りが、どのくらいカマスに移るかがポイントだな」

「ウーン、なんかこう、もうひと工夫あるとおいしくなるという料理のような気がする」

総合評価＝3
制作者の弁。

「本に出てたとおりに作ったんだけどな」

次は牛肉のシソ葉いため

牛肩ロースを百五十グラムほど購入。

これで四人前できるので一人前約一〇〇円ということになる。

「エー、フライパンにバターを大量に入れます。あとでこの煮汁もゴハンにかけて食べるわけですから」

バターが溶けたら三センチ四方ぐらいに切った牛肉を投入。

色が変わるか変わらないうちに、酒、ショウユをふりかけ、味の素もふりかける。

と同時に、一枚を三つに切ったぐらいの大きさのシソの葉を入れる。

シソの葉は、約十五枚。かなり大量であるがこのぐらい入れないとおいしくない。

入れたらすぐ火を止める。

これでできあがり。

料理時間、約五分。

これをアツアツのゴハンの上に汁ごとかけて食べる。

牛肉とバターとシソの香りが入り混じった汁が口の中で熱いゴハンと入り混じって、思わず、「うまい！」と唸《うな》らざるをえないほどうまい（……はずだ）。

評価。

「牛肉とシソって、実によく合うのね」

「もっといい肉だともっとうまいだろな」

「牛肉より汁を味わう料理だな」

総合評価＝4
制作者の弁。

牛肉とバターとシソの葉のシルがしみこんだゴハンがうまぐでうまぐで
ハグハグ

「これオレ、大好きなんだよね」

といいつつゴハンをかっこむ。

いよいよ本日の千秋楽は**温泉玉子**

「これ、お酒飲んだあと、汁物が欲しいときなんかもってこいなんじゃないかな」

ということで、本を見つつ共同制作。

卵を十分ほどぬるま湯につける。

ドンブリにこの卵を一個入れ、熱湯をフチまでたっぷり注ぎ三十分おく。

三十分、三十五分、四十分の三段階をためしてみたが、三十分以上おいてもそれ以上の変化がないことがわかった。

小鉢に市販のそばつゆを入れ、飲める程度の濃さに水でうすめ、そこへ三十分経った卵を割り入れる。

これをサジで汁ごとすくって食べる。

この温泉玉子は、ゆで卵でもなく、さりとて半熟卵でもないという微妙な段階に味わいがある。

かくて全七品目の料理腕自慢大会は終了した。

最後に各品の人気記名投票をしたが、斎藤青年の評価のみをここに記しておく。
一位、大根角切り、塩、味の素まぶし。
二位、牛肉のシソ葉いため。
三位、コンニャクのいり煮。
それにしても、いため物の多い料理大会であった。

タコ焼き実践篇

タコ焼き屋のニイチャンが、タコ焼きをヒョイヒョイ引っくり返しているのを見ていると、誰だって自分でもやってみたくなる。

自分もあんなふうに、タコ焼きが焼けたら楽しいだろうな、と思う。え？　わたしは思わない？　あんなことやりたくない？　そういう人は、そういう人生を送りなさい。タコ焼きを一度も焼かない人生を送って死んでいきなさい。

タコ焼きを自分で焼くといろんな利点がある。まず、どこにもない自分流のおいしいタコ焼きを作ることができる。タコじゃなくてイカはどうか。ウインナソーセージはどうか。紅生姜の代わりにカリカリ梅干しを刻んだのはどうか。まてよ、ザーサイという手もあるぞ。うん、これはビールに合いそうだ。

辛いタコ焼きというのはどうか。たとえばタバスコをうまく使ったらどうか。これ

毎晩毎晩
タコ焼きで
楽しい楽しい
人生を送ってる
単身赴任のオトーサン

もビールに合いそうだ。ネギの代わりにニラはどうなのか。と、毎日毎日、変わったタコ焼きを焼いて食べることができる。

どうです、何とも楽しい人生ではありませんか。

ふつうのタコ焼き屋の生地は、小麦粉、卵、ダシ、山芋ぐらいしか入ってないが、鶏ガラスープで溶くというのはどうか。バター味というのはどうなのか。

なにしろ本職ではないのだから、儲けることを考えないでいい。材料にいくらでも金をかけることができる。いくら金をかけたところで、タコ焼きではそんなに金のかけようがない。

まずタコ焼き器を買ってきた。二千円。厚い鉄板でできたやつで、穴が九個あいている。小麦粉、タコ、揚げ玉、卵、ネギ、干しエビ、紅生姜、青のり、ソースを買ってきた。これは正統派のタコ焼き用だ。実験用として、ザーサイ、ニラ、イカ、ウインナ、梅干し、中華スープの素を買ってきた。

では、いきます。

ボールに小麦粉を入れ、カツオと昆布のダシと卵と塩を入れて溶く。水分量はいいかげんでよく、おたまですくってタラタラではなくポタポタと落ちる程度。生地はゆるくても、かためでも、結局はちゃんと焼けるが素人はかためが無難だ。

各材料をこまかく刻み、卓上コンロのまわりに並べておく。白状するが、最初は何回か失敗した。タコ焼きがグズグズにくずれてしまうのだ。あとでわかったことだが、これは、タコ焼き器が新品のせいだった。

新品のせいで鉄板と油がよくなじんでなかったせいで、油がなじんできてからは実にもう快調。

何回か焼いてみて、「素人がタコ焼きを焼くにあたっての大切な心構え五か条」というものができあがった。

(1)　自分は商売でタコ焼きを焼くわけではないということを肝に銘じること。すなわち、焼き始めると、どうしても本職の人の真似をしてスバヤイ手付きをしようとしてあわててしまうんですね。客が待ってるわけでもなく、いっぺんに大量に焼く必要があるわけでもないのだ。

(2) 少数精鋭主義でいく。五つ子、六つ子の面倒をみるのは大変だが、一人っ子なら十分手塩にかけて育てることができる。すなわち、最初は四個から五個まで。穴が九つあるからといって、いっぺんに九つ焼くのはムリだ。

(3) 生地はかため。

(4) 田んぼ主義はとらず、穴重視主義でいく。すなわち穴から生地をあふれさせない。あふれさせてあたり一面を田んぼにしてしまうと、あとでタコを入れるとき、穴がわからなくて大いにあわてる。本当にあわてる。

(5) タコは小さく。一センチ角以内。

では、焼きます。

タコ焼き器をガス台にかけて点火。最初から弱火でゆっくり熱し、鉄板が少し熱くなったところで油をこすりつける。おたまで生地をすくって一穴ごとに流しこむ。量はフチまで。

次に干しエビ（刻む）、ネギ、紅生姜（多め）、揚げ玉を一穴ごとに丁寧にハシなど使って入れていく。

一分経過。タコ投入。穴から一気に生地があふれ出る。

そのまま一分経過。ここで金串の先を穴のフチに刺し、水平に回してみる。回らなかったらまだ焼けていない。

水平に回ったら、そのまま穴のフチに沿って金串を底のほうに下げていくと、アラ不思議、半分だけ丸く焼けた生地が立ちあがってくる。その下側に、穴のまわりにあふれて散らかっていた具と生地を押し込む。この作業は金串よりハシのほうがやりやすい。

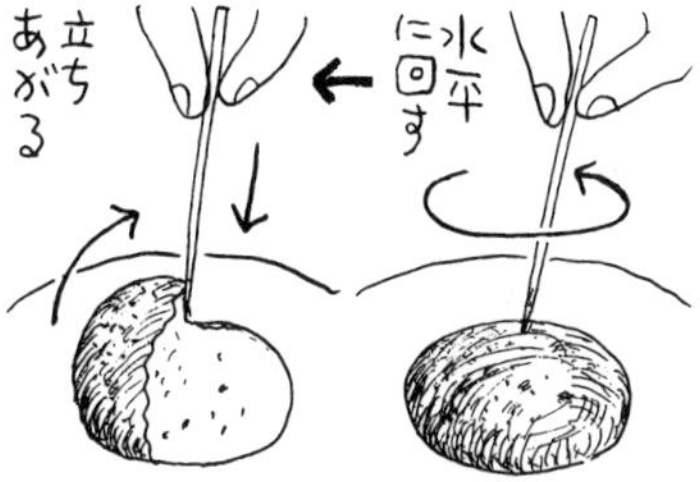

押し込んだら、立ちあがっていた半円のドームをフタをかぶせるようにかぶせる。このまま一分。ここから先はもう楽しい楽しい〝クルクル〟があるだけ。回しなさい。楽しみなさい。笑いなさい。
クルクルは一分。つまり、生地投入から計四分でタコ焼きは焼きあがる。表面をうんとカリカリにしたかったらもう一分。
言っときますけど、焼きあがったばかりのタコ焼きはものすごく熱い。具に何が入っていようと、いいタコを使おうと、熱くて熱くて何が何だかわからない。ほんのちょっと冷ましてから味わうと、いろんな味がわかってくる。

ソース、けずり節、青のりをかけて食べるばかりでなく、醤油もおいしい。タバスコもいいし粉チーズもいい。アンチョビソースはビールに合う。

マヨネーズはすでにいろんな店でやっているが、ほんのちょっと醤油を混ぜて、アタリメ風にするのもよい。

このところ、毎晩毎晩、いろんなタコ焼きを作ってはこれをツマミにビールを飲み、楽しい楽しい人生を送っています。

炒飯《チャーハン》の巻

「料理などしたことない」

という人でも、

「焼飯《やきめし》ならやったことあるよ」

という人は多い。

残飯をフライパンに入れ、バターかなんかでジャーッといためるやつである。

ぼくは炒飯が好きで、夜など、出前でとってこれを肴《さかな》にウィスキーを飲んだりする。

炒飯は意外にウィスキーの肴として合うのである。

(これはウィスキーのつまみである)

と思いつつ、炒飯をチビチビ口に運んではウィスキーを飲んでいると、これは意外にも「ゴハン」でもあるわけで、つまみを食べ終わり、ウィスキーを飲み終わったときには、ゴハンも食べ終わっているという事態に気づく。

あらためてゴハンを食べる必要がないのである。

効率という点から考えたらこれ以上のつまみはない。（別に効率で食事をするわけじゃないけど）

炒飯というと軽蔑《けいべつ》する人は多い。

「あれはネ、店なんかではネ、ホラ、客が食べ残すでしょ、ゴハンなんか。あれを集めて作ってるんだよ」

などとわけ知り顔にいう人もいる。

「いや、ぼくもネ、いつもその点を注意してみているけど、どの店でもちゃんと新品のゴハンを使ってるようですよ」

と、ぼくが弁護しても、

「それはネ、店ではネ、そうしてるの。だけど出前ネ、出前のほうがネ、怪しいんだよネ」

と、この人はどうしても、炒飯を怪しの食品としておとしめたいらしい。

炒飯は、このように身に覚えのない濡《ぬ》れ衣《ぎぬ》を着せられているのである。

暗い出生の秘密を疑われているのである。

この際、炒飯の積年の無念を晴らしてやりたい。暗い疑惑に包まれた炒飯の歴史に、再審の道を開いてやりたい。

できることなら最高裁までもっていってやりたい。

そういう事情から今回、炒飯を取りあげることになったのである。

弁護人は、台湾料理で高名な「山珍居」の若主人、黄善徹氏に登場していただいた。

ぼくもときどき炒飯を自分で作るのだが、いつもうまくいかない。

ゴハンがベチャベチャになる。

焼飯というより練飯《ねりめし》という感じになる。

練飯の油まぶし、というようなものができあがるのである。

これはなぜか。

人にも聞き、本も読んだのだが、それによると、

「家庭では、あのパラッと焼きあがった炒飯を作るのはまず無理」

という答えが返ってくる。

「まず第一に、家庭のガス火では火力がまるっきり弱い。第二に技術、つまり、フライパンの中のごはんを空中に放りあげて回転させるというようなことができない」

というようなことに帰結するようだ。

「そんなことは絶対にありません」

と力強く否定してくださったのが黄弁護人なのである。

「家庭のガス火でなんの不足もありません」

「東京ガスでも大丈夫でしょうか」

「東京ガスでも大阪ガスでも大丈夫です」

急に勇気がわいてくる。

（炒飯喜べ！　再審の道は近いぞ）

「手首を使ってごはんを放りあげるのネ、あんなの必要ありません。あれはネ、調理人がネ、『どうだお前らできないだろ』という気持ちでやってるだけなんです」

（炒飯喜べ！　いよいよ最高裁だ！）

火力の問題は、中華鍋、もしくはフライパンをよく熱することによって充分補えるという。

この「鍋を事前に充分熱くする」ということは非常に大事なことであるらしい。

ぼくの読んだ本では「から焼きして煙があがるまで」と書いてあったのもあった。

「ンー、ではネ、きょうは、炒飯、スープ、それに時間があったら炒飯を使ったおかゆ、この三つを作ってみましょう」

と黄さんの開会宣言。

いよいよきょうから、あのいまわしいベチャベチャ炒飯から解放されるのだ。

まず材料からいこう。(四人前)

豚バラ肉（かたまり）三百グラム　**焼豚**百グラム　**干椎茸**《ほししいたけ》四～五個　**ネギ**二本　**ショウガ**少々　**ザーサイ**一かけ　**鶏ガラ**一羽分　**グリンピース**缶詰め（小）　**卵**四個　**冷やゴハン**約三合

ゴハンを別にして、材料費が四人分で約八百円。いままでやった料理の中で、一番金のかからぬ料理といえる。

「ゴハンは必ず冷えたゴハンを使います。温かいとネバネバ炒飯になる」

「ハイ」

「店によってはネ、冷飯を軽くほぐして容器に入れ、フタをしないで一日冷蔵庫に入れておく、というところもあります」

「とにもかくにも冷たいゴハンですね」

「そうです。おっと、炒飯の前に、スープのほうをやっときましょう」

鶏ガラをよく洗って水をはった鍋に入れ、水から沸騰させる。

「必ず水からですね」

「そうです。水からです」

鶏ガラは、エキスが滲み出しやすいように、首づるのあたりを包丁でたたくとよい、と書いてある本もある。

沸騰したら表面がゴトゴトするくらいの弱火にして約一時間ほど煮る。

上に浮いてきたアクは必ず取る。

少しずつ浮きあがってくるアクを待ちかまえてはお玉ですくいあげていると、

「そんなに神経質に取らなくていいですよ。ある程度まとまってからで」

鶏ガラスープのコツは、最初多少多めの水にしておいて量が減るくらいにするところにあるという。

「ぼくは煮つまって量が減ると、なんか損したような気持ちになって水を足したりするんですけど」

「いけません。あくまで煮つめて少なくする」

この間に干椎茸を水につけて戻しておく。

で、いよいよ主役の炒飯に取りかかる。

「まず豚のバラ肉の脂肪のとこネ、この白いとこ。ここをけずり取って炒飯をいためる油にします」

「ふつうラードを使えなんて書いてあるけど」

「ラードはネ、あれ、いろんな脂肪がはいってるの。羊とか鶏とか。だからこうしてバラ肉からとるのが一番いいのネ。第一ね、豚の脂の焦げた味ね、これごはんに滲みるととてもおいしいんですよ」

けずり取った脂肪をみじんに切る。

「ついでに言っとくとネ。サラダオイル、あれはいけません。ごはんに滲みこまないで鍋底に残りますからネ」

ザーサイもみじんに切る。

戻した干椎茸もみじん。

バラ肉の肉の部分もみじんに切る。

焼豚は、幅三ミリ、長さ三センチぐらいに切っておく。

グリンピースは缶から出し水気を切っておく。ネギは小口切り、ショウガもみじん。

ザーサイは、ビン詰めや、切って袋にはいったものではなく、必ず、かたまりのものをもとめる。ビン詰めなどのものは、余計な味つけがなされていてよくないそうだ。

またザーサイは洗わずにそのまま切るのがよい。

ぼくはいつも、ザーサイの塊を買ってくると、「洗うべきか、このままで切るべきか」と迷っていたのだが、本日、この時点からこの迷いから解放されることになった。

これで準備は整った。

まず鍋を充分に熱する。

ここへ大サジ一ほどの豚の脂肪のみじん切りを入れる。

ジャーッと音がしてたちまち油がにじみ出てくる。これを鍋をあちこち動かして鍋肌全体に行きわたるようにする。（これをしないとごはんが鍋に焦げつく）

豚の脂肪の全体がキツネ色になった時点で（ものの三十秒）ネギの刻んだのを一つまみ入れる。（豚の脂肪の臭《にお》い消し）

ただちに豚肉のみじん切りを入れ、ザーサイを入れ、再びネギの刻んだのを一つまみ投入。

この間、火は常に強火で、焦げそうになったら鍋を持ちあげて温度調節をする。

豚肉に火が通ったら（これも、ものの三十秒）いよいよゴハンの投入である。

ゴハンは一人前 丼《どんぶり》 一杯ほど。

事前にほぐしておかなかったので、かたまりをほぐすのに苦労する。

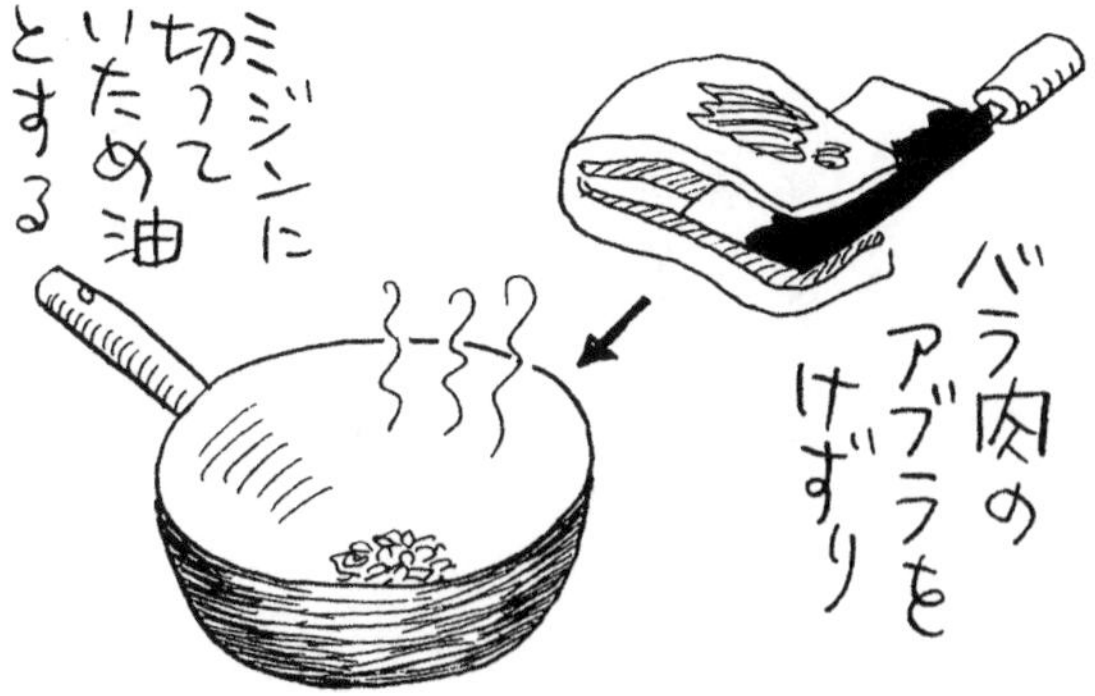
ミジンに
切って
いため油
とする
バラ肉の
アブラを
けずり

冷やゴハンのかたまりはなかなかしぶとく鉄ベラでぐいぐい押しつけたら柄が曲がってしまったほどである。

「ある程度、ほぐしておけばよかったね」

と黄さんに言われたがもう遅い。

だましだましほぐして鍋肌に押しつける。

全体を平らに、広く薄く押しつけては引っくり返し、また押しつける、ということを繰り返し、二分程いためた時点でゴハンを片側に寄せ、卵一個を割り入れてくずす。くずしたらこれを全体に混ぜこんで、最後に塩小サジ半分、コショウ少々、味の素少々で味をつけ、もう一分程いためてできあがり。

丼の底に、焼豚の刻んだのとグリンピースをまとめ、そこへ炒飯をあける。

鉄ベラでぐいぐいと押しつけ（少し入れては

押しつけ、また少し入れては押しつける、というようにするとよいようだ）、皿でフタをして引っくり返して丼を取ると、形よく炒飯が皿の上にのっかっている、ということになる。炒飯の上には、焼豚とグリンピースが形よくのっかっている。

さっそく試食。

「うーん、うまい。ぜんぜんベチャベチャじゃない」

「店で食べる炒飯に勝るともおとらない」

「ゴハンが香ばしい」

「あのネ」

と黄さん。

「一番最後んとこでネ、おショウユをほんの少しまわし入れるという方法もあるけど、これ良し悪しね、全体がショウユくさくなったりする。それからエビなんかも入れるなら、豚肉投入のときいっしょに入れる。ショウガの味をつけたいときは、みじん切りを一番最初の脂肪投入のときいっしょに入れる」

「ザーサイの代わりに、高菜漬なんかもいいんじゃないの」

とカマドの坂本。

「ふつう豚肉じゃなくハムがはいってるんじゃないの」

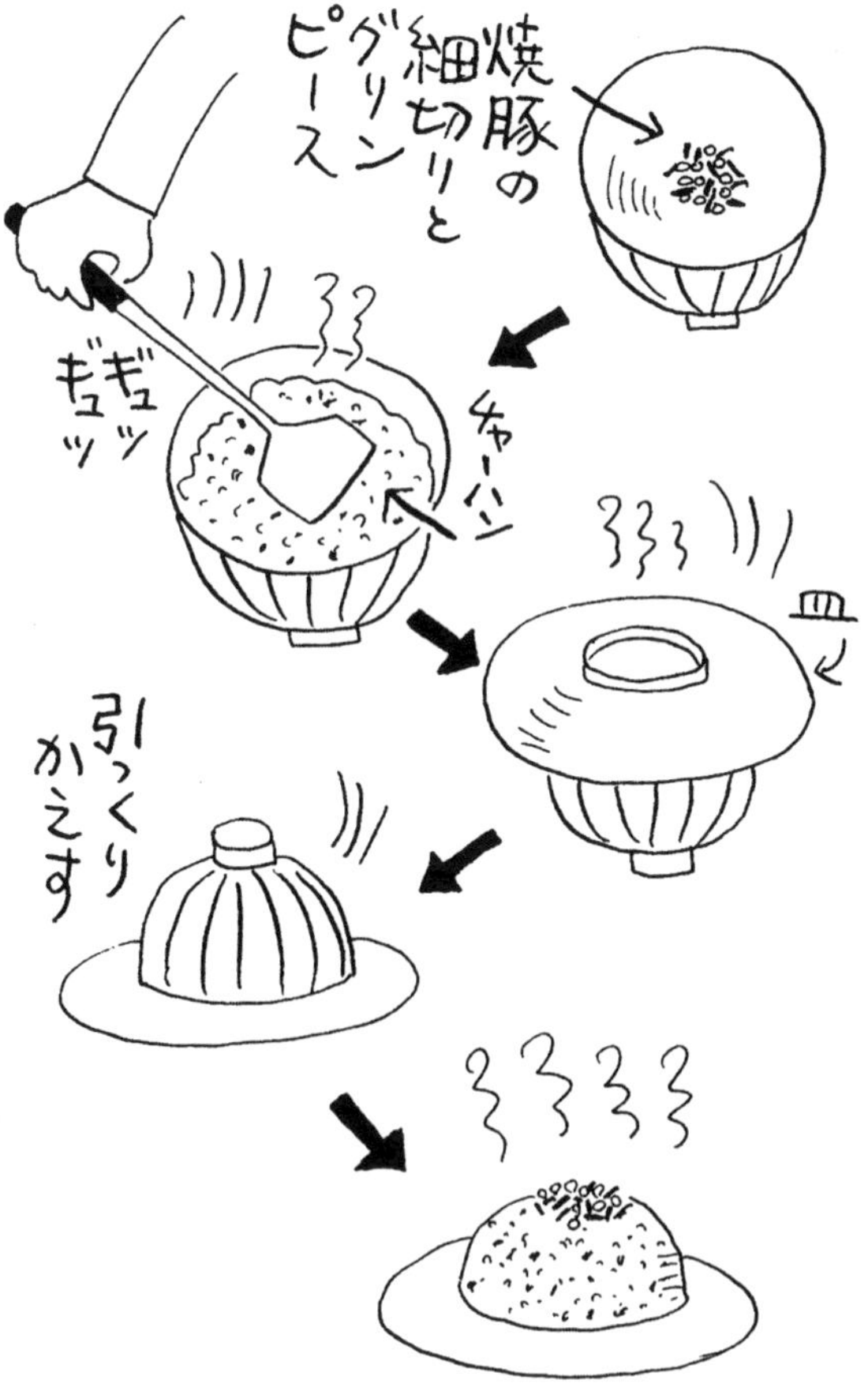
焼豚の細切りとグリンピース
ギュッギュッ
チャーハン
皿
引っくりかえす

とモヤシの斎藤。

「ハムより豚肉のほうがずっとおいしい。ハムはどうしてもいためてるうちに硬くなる」

と黄さん。

「ぼくが読んだ本では、殆どの本に、卵を一番最初に割り入れると書いてあったんですが」

とぼく。

「それはネ」

と黄さん。

「卵を一番最後に入れると、いためてパサパサになったゴハンにいくぶんかの水分を与えることになるわけですよ。これが微妙な味わいになる。それと、食べたとき、ちゃんと卵の味がするでしょ。最初に入れちゃうと、卵の味がなくなっちゃう」

「なるほど」

「しかしいつもだいたい同じにやったのになぜベチャベチャにならないんだろ」

「それはネ」

と黄さん。

ボンカレーのコマーシャルでも、子供になぜボンカレーがおいしいかと訊《き》かれて、王選手が「それはネ」と解説するが、こちらだって「それはネ」と黄さんが解説してくれるのだ。

「やっぱり一人前ずつ作るからじゃないの」

「ウーン、そうか。小さい鍋に四、五人分のゴハンを山盛りに投入したら、ゴハンが蒸れてベチャベチャになる」

「そのとおりです」

さて次はスープ。炒飯にはスープがつきものだ。

さっきの鶏ガラスープを四カップ分取り出し火にかける。

煮たったところで、豚バラ肉、ザーサイ、椎茸（炒飯に使ったのと同じ切り方）を、大サジ山盛り二ぐらいずつ入れる。

塩大サジ一、味の素少々、コショウ、ショウガ（みじん切り）を入れて、火からおろすまぎわにネギの細切り少々を入れてできあがり。（日本酒を少し入れてもよい）

これはこのあとでも何回か作ってみたが、ザーサイの量で味が微妙に変わってしまう。

少なすぎてはつまらない味になるし、多すぎるとザーサイ汁ふうの味になってしまう。

何回かやってみて適量をつかむほかはないようだ。

さて少し時間が余った。

約束のおかゆを教えていただくことにする。

これは要するに「炒飯にスープをぶっかけたもの」と考えてよいようだ。

炒飯を作りすぎて残ったときなどにぜひおすすめしたい。

炒飯をさっきの要領で作りあげる。

ただし、この場合はザーサイの代わりに白菜を細かく刻んだものを入れていためる。

フライパンに炒飯ができあがったところで、さっきの鶏ガラスープを、二人前でドンブリ一杯半程、ジャーッと注ぎこむ。

炒飯が、スープの海に完全に水没する、という感じになればよい。

スープが煮たったら塩小サジ一杯半ほど入れ、味の素を小サジ半分ほど入れる。

次にショウガの極細切り少々を入れる。

次になにをするかというと、もう何もしない。これでできあがりである。

なんとかしたい、と思ってももうだめである。

ショウガを入れたらすぐ火をとめる。

ショウガを入れてから煮ると苦みが出るという。

これは不思議な味がした。

炒飯の味もするし、鶏ガラスープで作ったおかゆの味もする。実にうまいものである。

炒飯を誤ってスープの中に落っことしたもの、とも考えられるし、炒飯の上に、誤ってスープを大量にこぼしたもの、とも考えられる。

炒飯には、たいていスープがついてくる。

炒飯を一口食べてはスープを一口すする、というのが炒飯の食べ方である。

この行為を「一挙に」と考えたのがこの料理なのかもしれない。

炒飯をつまみつつウィスキーを飲み、スープをすするぼくにとっては、よりいっそう効率のよい肴ということができる。

このおかゆにウィスキーを注いですすりこめば更にいっそう効率がよいということになる。最後に黄さんの炒飯四カ条を。
一、焦がさないこと。

一、よく混ぜること。

一、ネギで脂肪《あぶら》の臭いを消すこと。

一、いっぺんに大量に作らないこと。（せいぜい、いっぺんに二人前まで）

恐る恐るぼくの一カ条をつけ加えさせていただくと、

一、いためすぎないこと。（ごはんがカリカリになる）

男の料理・カツ丼篇

土曜日の午後、六人の男たちが、新宿の伊勢丹正面玄関に集結した。

六人の表情には、いくばくかの緊張感が漂っている。

いったいこの男たちは、これからなにをしようとしているのか。

映画などだと、まず、土曜の午後の歩行者天国の人波を映し、それからカメラはパンしてデパートの屋上に移り、ずうっと下がってきて正面玄関になる。

次に、六人の男たちの緊張した顔が映し出され、それからいろいろあって、やがて六人は銀行に押入るということになるのだが、この六人は銀行には押入らない。

台所に押入るのだ。

六人でこれからカツ丼を作ってみようというのだ。

映画の「荒野の七人」だと、ユル・ブリンナーが、一人ずつ賞金で釣って六人を集めるのだが、この六人はカツ丼で釣られた六人なのである。

「荒野の七人」ならぬ「カツ丼の六人」。

ぼくとN氏と二人で、カツ丼製作をテーマに糾合した同志たちなのである。

ぼくとN氏のほかは、広告マン、旅行代理店氏、会社員、雑誌編集者という取合わせである。

平均年齢三十七歳というところであろうか。いずれも料理に関しては、「多少は腕に覚えが」という面々なのである。

お互いの力量はまだわからぬ。

いずれ台所に於て、その力量が明らかになっていくことであろう。

腕に覚えの武芸者が、諸国から集まってきてこれから御前試合をする、そういう雰囲気だと思っていただいてさしつかえない。

ただこの六人に共通していることは、カツ丼製作だけはまだやったことがないという点である。

いってみれば初体験なのである。

土曜の午後の初体験。

土曜の午後、女の子と二人でラブホテルにしけこむ中年もいようというのに、われわれは男六人で台所にしけこむのである。

ここで、わが力量、について言及しておきたい。

ぼくの料理は、魚にばかり偏している。

むろんどんな魚も、三枚におろすことができる。キビナゴなどという小魚さえ三枚におろしたことがあるのだ。

このところサバに凝っていて、シメサバ、サバの棒ずし、バッテラなどに取り組み、いずれも好成績を収めた、と信じている。

ただ、肉のほうは、せいぜいステーキぐらいで、未経験といってよい程度なのである。

魚は卒業した、と思われたので今度は肉のほうに取り組もう、そういうことでカツ丼製作という段取りになったのである。

その話を聞きつけて、他五名の同志が糾合された、とこういうわけなのである。

なぜカツ丼か。

ぼくはカツ丼が大好きなのです。

カツ丼は、どこか頼母《たのも》しい感じがある。

たとえばお昼にカツ丼の出前をとる。

カツ丼のどんぶりを前にすると、どうしても、

（では、いきます）

という気持ちになる。

そういう気持ちでフタを取る。

すると、まずホッカリと暖かそうな湯気があがり、ゴハンとかけ汁とカツとミツバの香りが鼻腔をくすぐる。

全容をじっくり眺める。

キツネ色に揚がったカツが威風堂々、厚みとボリュームを誇示しつつドンブリの全域を占拠している。

ここのところがなんともいえず頼母しいのである。思わず、

（たのむぞ）

という気持ちになる。

むろんゴハンの部分は、カツ及び玉ネギ及び卵に隠されてわずかしか見えない。建築関係の建蔽《けんぺい》率などという考えからいくと、建蔽率九八パーセント。三〇パーセントとか六〇パーセントまでとかのケチな精神はここにはない。

その精神を賞讃しつつ、いよいよ摂取に取りかかる。

まずかけ汁のよく滲みこんだカツの一片を取りあげ口中に含む。

カツ表面のパン粉のトゲトゲが快く上顎部を刺激する。と、次の瞬間、油の滲みこんだ肉片を切断するたしかな歯ごたえがあって肉が嚙み切られる。

突如、肉の重みが舌に感じられた、と思った次の刹那、（ちょっと大げさかナ）嚙み切られたカツの小片は舌によって奥歯のほうに移動され、たちまちのうちに嚙み砕かれ、肉と油と卵とコロモの味が一丸となって口中に拡がってゆく。

（カツ丼をとってよかった！）

としみじみ思う一瞬である。

カツ丼のカツは、だいたい五つに分断されているので、カツの一切れが消去された時点でゴハンもまた全体の五分の一が消去されていなければならぬ。

このあたりで少しホッとし、興奮からさめ、おしんこなどをつまみつつ、もう一度カツ丼の現況をしみじみと眺め、これからどのように取り組んでいったらよいかという方針を考えることになる。

方針としては、ゴハン及びカツの消去が同時に進行する、というよりはゴハンの消去のほうがやや早い、というペースをぼくは好む。

カツ優勢、ゴハンやや不利、こういうペースでいくと、どうしてもカツの乗っかっている土台を突きくずすという状況に立ちいたる。

カツの土台が掘られ、根底が揺り動かされ、カツ崩壊の危機が刻々と迫ってくる。

このあたりの作業は、なぜか自虐的な気分があり、これまたカツ丼の醍醐味の部分でもあるのだ。

よその人家の縁の下をこっそり掘っているような、すまないような、人の道にはずれたことをしているような気分になっていく。

カツ丼のよさは、たとえば親子丼と比較してみるとよくわかる。

親子丼には主役がいない。一家の柱というものがない。

ここのところがなんとなく淋しくはかない感じを与える。

母子家庭、などという言葉が浮かんできたりする。

そこへ行くと、カツ丼には主役がいる。

堂々と、どまん中に、敷地いっぱいに主役が横たわっている。

親子丼にもトリ肉という主役はいるのだが、あわれ一家は散り散りばらばら、各所に散って一家離散の惨状を呈している。

その点カツ丼は、たとえその身は分断されていようとも一家はヒシと寄り添って堅い団結を示している。

そこのところがなぜか頼母しくいとおしく、人をして、

（たのむぞ）

といわしめる所以《ゆえん》であると思われる。

というわけで、「肉料理に挑戦」の第一回目は、どうしてもカツ丼でなければならないのだ。

さて。

伊勢丹正面玄関に集結した「カツ丼の六人」は、とりあえず喫茶店にはいった。

カツ丼製作準備会議を開催しなければならぬ。

互いに自己紹介をしたあと、ただちに購入すべき材料のリストアップに取りかかる。

革ジャンパーの男もいて、男の六人づれというのはどうも物々しくて人目にたちやすい。

その物々しい男たちが、

「グリンピース、必要ですな」

「ミツバも忘れてはなりません」

「グリンピースのかわりにサヤインゲンという手もあります」

などと、およそ物々しくない会話を交わしているのである。

ひとしきりガヤガヤしたあと、豚肉、油、玉ネギ、卵、グリンピース、ミツバ、パン粉、ウドン粉、以上の品がリストアップされた。

「ゴハンどうします」

「むろん炊きましょう。やるからには徹底的にやらねば」

革ジャン氏がテーブルをドンとたたく。

「ホーチョーなんかは」

「ホーチョーは現場においてあります」

会話は急に物々しくなった。

ミソ汁も作ろう、ということになって六人はぞろぞろと、デパートの地下食品売場に入っていった。

「購入物が多いので、各班に分かれて買物をしたらどうでしょう」

「カツ班、ミソ汁班、ゴハン班というふうにですか」

「いやいや、肉ひとつとってもどういう肉を買うかそれぞれに意見もあるでしょうから、全員一丸となって移動しましょう」

全員は一丸となって、まず肉売場の前にズラリと立ち並ぶ。

なにごとか、と店員がおびえつつ近寄ってくる。

「どうせなら一番いい肉でいきましょう」

「そうですな、なにしろ全員初体験ですから」

「エーと、カツ用ロース、百グラム二百二十円というのがあります」

「松阪肉でいくというのはどうでしょう」

「松阪は牛でしょ」

「松阪豚はないか、ハハハ」

この一言で「松阪氏」の力量がわかってしまった。

「オッ、こちらに黒豚ロース（芯）百グラム三百五十円というのがあります」

「なんですか？　その芯てのは」

「わかりませんがこれにしましょう。黒豚ロース・しんを六枚ください」

六人分のカツ丼を作るのである。

次に油のところに移動する。

「カツとなるとやはりラードということになりますな」

ムムッ。オレそれ知らなかった。天ぷら油でやるのかと思った。

次第に各氏の力量が判明していくのであった。

「いやいやラードはコレステロールが多い」

「そうです。中年の身の上としては、ここはひとつサラダオイルでいきましょう」

「ここに小麦胚芽油入りサラダオイルというのがあります」

「エー、なになに？　この油はコレステロールの沈着を防ぐサフラワーが入っています……」

「防ぎましょう。コレステロールの沈着を」

「エー、それから血管や細胞の老化を防ぐビタミンEも入っています……」

「防ぎましょう。細胞の老化を」

「それにしても、この油はいろんなことを防いでくれますなァ」

各氏の賞讃の声をあびつつ小麦胚芽油入りサラダオイルが購入された。九百円である。

「わたし、この前スーパーの特売で買ったやつは、この大きさで二百円でした」

「ぜいたくが過ぎましたかなあ」

出し汁の昆布も購入する。

ぼくがその辺にあったものを取りあげると、

「や、利尻ものがある。出し昆布はやはり利尻ものにかぎります」

次第に各氏の力量が明らかになっていくのであった。

利尻昆布というものの存在をぼくは知らなかった。

（負けるかもしれない）

不安の雲がモクモクと胸中に大きく拡がっていくのであった。

ミソ汁の実として、ナメコと豆腐が購入された。

「ナメコでしたらミソ汁は赤出しですな」

「赤ミソ七に白ミソ三という比率でいきましょう」

ぼくの知らないことをみんなが知っている。ぼくの不安は大きくなっていくのであった。

赤ミソも白ミソも、

「一番いいの」

を購入し、お米も一番いいササニシキ（二キロ九百五十円）、おしんこも一番いい「信州白菜」及び「紀の国沢庵」（両方で九百円）、なんでもかんでも一番いいものば

駆使した道具類
かきまわし棒
ボール
大びしゃく
こし器
丼物専用ナベ
油かすとり器

かりが揃った。あとは料理人の腕前だけの問題である。

この時点での買物の総計は六千百四十五円。

買物袋からネギをのぞかせつつ、六人はタクシーに分乗して、B社の社員食堂の厨房に向かった。

カツ丼の一個あたりの単価は、どんどんはねあがっていくのであった。

厨房の一角に買物を拡げる。

「エー、まずなににからいきますか」

「やはりカツ班、ゴハン班、というふうに」

先刻の班別買物を主張した人がまたしても班別を主張する。

「わたしお米とぎます」

一番自信のなさそうな人がお米をとぎ始める。

いささか自信をなくしたとはいえ、ぼくは前夜ひそかにカツに関する書物を読んでいたのでカツ班を志願する。

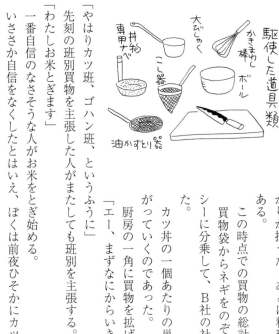

みんなが見守る中を、まず肉を出刃包丁の背で軽くたたいて伸ばす作業から始めた。

「こういうふうにですね、たたいて伸ばすものなんです、肉を揚げるときは」

と、前夜読んだばかりの知識を披露する。

いい気になってたたいていると、肉はいくらでも伸びていく。

「あ、いけません、そんなに伸ばしちゃ」

それまで黙って見ていた広告マン氏が、いち早くぼくの包丁を取りあげる。

この人は、スジ切りと称して肉のところどころに切れ目を入れ、塩、コショーを振りかける。

「振り塩はこのぐらいの高さから」

と、なかなか手つきがいい。

それからウドン粉をうすくまぶし、

「卵を割ってかきまわしといてください」

と、ぼくに指示するのである。

ついさっきまでカツ班主任だったのに、たちまち降格されて、カツ班主任補佐になってしまった。

淋しく卵をかきまわす。

と、それまで腰に手をあてて見ていた会社員氏が、なれた手つきで粉をまぶした肉を卵につけ、引き揚げ、やはりなれた手つきでパン粉をまぶす。

主任補佐の地位もあっさり奪われたぼくは、つとめて平静を装いつつ、

「オレ、出し汁のほうをやろうっと」

と、いい、まだ稼働していない出し汁班を創設してただちに出し汁班主任に収まった。

うろ覚えではあるが、出しの取り方は知っている。

自信なさそうにその辺をウロウロしていたN氏を呼び寄せ、

「このようにですね、まず水のうちから出し昆布とケズリ節を入れるわけです」

「ほう」

「そして煮たつ寸前に火を止め、ケズリ節が沈むのを待って引き揚げるわけです」

「なるほど」

主任は部下を従えて自信を持って煮立つのを待った。

そこへカツ班主任の広告マン氏が飛んできた。

「ああっ、水のうちからケズリ節を入れちゃったんですか」

「……………」

「ケズリ節は煮立ってから入れるんです」

「………」

「しかもこんなにまるでつくだ煮にするみたいにケズリ節を入れちゃって」

「………」

出し汁の鍋の前は、ただちに他の人がとって替わった。

(会社づとめなんかだと、こういうことよくあるんだろうなァ)

と思う。

失敗をしでかして失脚し、行きどころがなくなった。

淋しくみんなの作業を見てまわる。

ゴハンの火加減をする人、ミソ汁の味見をしている人、おしんこをトントン切ってる人、みなそれぞれちゃんと仕事がある。

(窓際族ってこういうものかもしれないなァ)

と思う。

いよいよカツを揚げるというので、ぼくはいそいそと揚げ鍋のそばに駆け寄った。

(仕事があるかもしれない)

「油の温度はですね、パン粉をおとして、中間ぐらいまで沈み、浮きあがってくるこ

この移動の
とき
なぜか全員
ここにゴハン
ツブがついて
しまう

ろ」

という説明を淋しく聞く。

出し汁の一件で一挙に周囲の信望を失った人は、ただ黙って見ているのみである。

やがてカツはキツネ色になり、「もういいかな」「いや、もう少し」などの論議のあと引き揚げられ、ペーパータオルの上に置かれる。こうして油を切るのだそうだ。

一枚揚げるごとに、浮いた揚げかすを網ですくい取る。かなり本格的なのである。

油が切れたところでカツを二センチ幅に切る。中までほどよく揚がっている。

あとは、丼物専用の小型片手ナベで、カツと玉ネギ、卵、出し汁を合わせてゴハンの上にのせるだけである。

「ゴハンは、ややベタつき気味だがマアマア」

という評価を受け、ゴハン班主任はニッコリする。

ミソ汁も、ナメコと豆腐が投入され、これも「いい味」の評価を受けている。

おしんこも、「盛り方がいい」といわれ、おしんこ班主任は満足気である。

まず片手鍋に出し汁を入れる。

「問題はこの出し汁だよなあ」

といわれ、元出し汁班主任はまたしてもうなだれる。

出し汁の上にカツを並べ、卵をとき入れて最後にミツバを散らす。

これをドンブリに盛ったゴハンの上にのせるわけだがこれが意外にむずかしい。のせるときに、それまで整然と並んでいたカツが一挙に崩壊してしまう人もいる。

のせたらフタをして少しむらす。

六つのカツ丼ができあがり、ナメコ汁も、それぞれのお椀に分けられ、ビールも到着していよいよ試食である。

みないっせいにドンブリのフタをとる。

「ウーン、色といい形といい本職のと変わらないなあ」

という声が多く、

「問題は味です」

とだれかがいう。

一口、口に含んでみないっせいに首をかしげる。

「ウーン、カツの揚がり方もいいし、油切れもいいし」

「パン粉のつきぐあいもいいが……」

「結局出し汁ですな、問題は」

元出し汁班主任は淋しくほほえみつつカツを噛む。

たしかにカツは硬くなく、柔かくなく、程よく揚がっている。

だが、味がひと味足りないというか、なんの味もしないというか、本物のカツ丼とは数段の差があるようだ。

製作費、一人前約千円。

製作時間、一時間四十五分。

ゴハンもミソ汁もかなり余った。

試食のあとは、テキパキとあと片づけに取りかかる。

もったいない、もったいない、といいつつ余りものを捨てるところが、中年男の手料理らしいところであった。

［解説］東海林さだおの「幸福論」

稲田俊輔

東海林さだおさんはいつだって、どうってことのない食べ物が、いかにおいしさに満ち溢れているかを教えてくれます。そして、そんな食べ物のあるどうってことのない毎日が、いかに楽しさに満ち溢れたものであるかも教えてくれます。それは、極めて実践的な「幸福論」なのです。

「豆腐丸ごと一丁丼」では、豆腐を甘じょっぱく煮込んでご飯にのせる丼のおいしさが、こんなふうに描写されます。

豆腐の表面と中心では味の濃さが違う。濃いところとゴハン、味の薄いところとゴハン、薄いところとつゆだくのゴハン、というふうに様々なバリエーションが楽しめ、豆腐と煮汁とゴハンという種も仕掛けもない料理なのに、まさに、つぎからつぎにかっこまないではいられない旨さであった。

東海林さんの食べ物描写は、いつだってこんなふうに、生き生きとしてリズミカル。とてもそそられます。読めば誰だって同じものを食べてみたくなることでしょう。ただしそれは、単にその食べ物のおいしさだけを語っているのではありません。それが東海林文学の幸福論たる所以です。

雑誌のグラビアページで見かけた豆腐丼にニンマリし、それを「制作」することを思い立つ。そこから既に、この日の幸せはスタートしています。そのために豆腐一丁と蕎麦つゆを買ってくるのも楽しい散歩だったことでしょう。

豆腐一丁をそのまま切らずに煮るのがこの料理においては重要。それは非日常です。微かな緊張と高揚感。ワクワクするような冒険です。しかもそれは誰もが気軽に真似して挑戦できる冒険でもあります。

東海林さんは理想の仕上がりから逆算して「かなりしょっぱめの煮汁」を作り、決して豆腐を崩さないように鍋や器具を選定し、煮ては冷ましを5回も繰り返してそれを完成させます。

東海林さんの料理は一見ざっかけないようでいて、その端々にはこんなふうに確かな技術が潜んでいます。これが教養というものか。その技術を駆使して、冒険を成功に導かせんとする。ゲームみたいに心が躍ります。

首尾よく完成したその姿を愛でる東海林さん。湯気、迫力、素朴さが描写され、そこにはもちろん圧巻のイラストが添えられます。東海林さんの食べ物イラストはいつだって愛がほとばしっています。ほとばしりすぎてある種の執念すら感じさせます。「画力」という言葉だけでは説明しきれない魅力に、いつも陶然とさせられます。

そこから冒頭に引用した味の描写になだれ込むわけですが、その前になんと「重さ」にまで言及するのが東海林さんの真骨頂。


豆腐一丁丼は、丼界で一番重い丼なのではないか。


丼の「重さ」までをも楽しんでいる東海林さんの姿を想像し、その時ふと気付きます。我々も普段から丼物という食べ物を、その重さも込みで楽しんでいるのではないか、と。カツ丼の頼もしさや牛丼の程よさ、ウニ丼の尊さ、そういったものを、丼を持ち上げる左手に伝わる重量感から感じ取り、そして箸を持つ右手にいよいよ力がこもる。そんな瞬間の幸せを思い出すのです。

そして「重さ」という一点においてはそれら全てを凌駕すると言う「豆腐一丁丼」の魅力

は、更なるリアリティを持って迫ってきます。僕たちは思わずニンマリとしながら、いそいそと豆腐を買いに行くのです。幸せな一日が、始まります。

この選集『自炊大好き《ソロメシ》』は「自炊」がテーマ。なんでもない一日をひとりで楽しく過ごす物語の宝庫です。冒頭で引用した豆腐を皮切りに、目玉焼き、ラーメンにチャーシュー、たくあん、納豆、焼きそば、などなど、徹底して庶民的な食が語られます。

誰もがよく知る食べ物を題材にして、誰もが真似できる料理を紹介しながら、時にはそこにある種の異常性が顔を覗かせることもあります。

ピザをゴハンに乗せてピザ丼にすることを発想するなんて、少なくとも普通じゃありません（「ピザ丼誕生秘話」）。しかもその作成にあたり、東海林さんはずいぶんと手間暇をかけています。そりゃそうです。ピザがそれだけで丼のアタマになるはずがありません。ピザソースにいろいろ混ぜたタレを作り、アンチョビや玉ねぎも加え、冷凍ピザを使いつつそれはもはや「手軽な料理」とは言えないものになっていきます。

何が東海林さんをそこまで駆り立てたのか。僕は勝手に想像します。それは、丼の口径とほぼ同サイズの冷凍ピザが丼飯の上にすっぽりとはまる絵姿を想像して、居ても立っても居られなくなったということなのではないでしょうか。あにはからんや、イラストをよく見ると「スポッ」という擬態語と共に、すっぽり感を表現する可愛らしい漫符がこれでもかと書き込まれています。この瞬間のために、東海林さんは疾走したのではないでしょうか。

絵姿といえば、ウズラの玉子の目玉焼きがお皿に8個並んでいる姿も、想像するとなかなか異常です（「ウズラといえど目玉焼き」）。ちょっと恐ろしくもあります。

しかしそれより遥かに異常なのは「えびせん大実験」です。雨の中、傘をさしながらえびせんをつまむ東海林さん。この時点で少し異常なのですが、そこでえびせん1本の儚さに気付いた東海林さんは、帰宅するやいなや「人はいったい一度に何本のえびせんを口に入れられるのか」という実験を開始します。想像するだに異様な光景ですが、気が付けばその挑戦を手に汗握って応援している自分がいます。この世に人間の好奇心より尊いものはないのではないか、とすら思えてきます。

好奇心と、あらゆる食べ物のおいしさを慈しむ心があれば、そこには確実に幸福が現れる。東海林さんはいつだってそのことを、僕たちに身をもって教えてくれるのです。

（料理人）

東海林さだお（しょうじ・さだお）
1937年、東京都生まれ。漫画家、エッセイスト。早稲田大学第一文学部露文科中退。70年『タンマ君』『新漫画文学全集』で文藝春秋漫画賞、95年『ブタの丸かじり』で講談社エッセイ賞、97年菊池寛賞受賞。2000年紫綬褒章受章。01年『アサッテ君』で日本漫画家協会賞大賞受賞。11年旭日小綬章受章。『ひとり酒の時間イイネ!』『ゴハンですよ』『大衆食堂に行こう』『ことばのごちそう』（すべてだいわ文庫）など、著書多数。

本作品は著者の過去の作品からテーマに沿って再編集したアンソロジーです。

だいわ文庫

自炊《ソロメシ》大好《だいす》き

著者 東海林《しょうじ》さだお

二〇二二年九月一五日第一刷発行

発行者 佐藤靖
発行所 大和《だいわ》書房
東京都文京区関口一—三三—四 〒一一二—〇〇一四
電話 〇三—三二〇三—四五一一

フォーマットデザイン 鈴木成一デザイン室
本文デザイン 二ノ宮匡
本文イラスト 東海林さだお
本文印刷 信毎書籍印刷
カバー印刷 山一印刷
製本 ナショナル製本

ISBN978-4-479-32027-2
乱丁本・落丁本はお取り替えいたします。
http://www.daiwashobo.co.jp